PLU

DEUX VIES

PARALLÈLES

Elibron Classics
www.elibron.com

DEUX VIES
PARALLÈLES

AMYOT

DEUX VIES PARALLÈLES

LA RENAISSANCE DU LIVRE

JEAN GILLEQUIN & Cie, Éditeurs

— 78, Boulevard Saint-Michel. — PARIS —

AVERTISSEMENT DES ÉDITEURS

Jacques Amyot naquit à Melun en 1512. Son origine était humble; il était fils d'un boucher. Cependant il fit de bonnes études. Il fréquenta d'abord, à Paris, le collège du Cardinal Lemoine, et suivit les leçons des lecteurs royaux Toussaint et Danès. La faveur de la reine de Navarre lui fit obtenir une chaire de latin et de grec à l'Université de Bourges, dans laquelle il professa durant douze années. C'est en 1546 que François Ier, en le créant abbé de Bellezane, lui commanda sa traduction de Plutarque. Ses mérites le firent désigner pour être envoyé avec une mission au fameux concile de Trente. De retour en France, il fut nommé précepteur des fils de Henri II. Lorsque Charles IX monta sur le trône, il ne se montra pas ingrat envers son ancien maître, auquel il confia le titre de « grand aumônier de France ». En 1570, Amyot obtint l'évêché d'Auxerre. Il rencontra, dans le gouvernement de son diocèse, d'assez graves difficultés. En effet, après la mort de Henri III, son clergé, fanatisé par les Ligueurs, lui fit un grief de sa trop grande fidélité au roi légitime. On alla même jusqu'à l'accuser d'avoir autrefois trempé dans l'assassinat du duc de Guise. Il mourut en 1593.

Dans notre histoire littéraire, c'est un très grand nom que celui d'Amyot. Au même titre et presque sur le même rang que Rabelais et que Calvin, c'est un des pères de la Prose française. Joachim du Bellay, dans la *Deffence et illustration*, recommandait avec chaleur les ouvrages de traduction comme un sûr moyen d'enrichir la langue ; Amyot vint pour donner à cette théorie une éclatante confirmation. A vrai dire, il était un peu, pour traduire Plutarque et pour le rendre accessible et agréable au public français, dans la situation où se trouva Cicéron, alors que s'efforçant d'initier les Romains à toutes les finesses et à toutes les souplesses de la philosophie hellénique, il était obligé d'épuiser les termes de son prodigieux vocabulaire, de forger patiemment la rude période latine pour l'adapter aux besoins d'une nouvelle pensée. L'effort que Jacques Amyot dut faire pour traduire le vocabulaire si varié de Plutarque, pour en rendre les nuances presque infinies, valut à la France une abondance de nouveaux mots concernant la philosophie, les arts, la politique, et la guerre. Pour rendre le mouvement des phrases grecques, il dut, sur le moment, faire appel à toutes les ressources qui se pouvaient présenter à lui. Hellénismes, latinismes, italianismes fourmillent à l'envi sous la plume d'Amyot ; parfois encore ils nous étonnent, mais la plupart du temps ils ne nous arrêtent guère ; il y a beau temps que ces tournures ont acquis à jamais droit de cité. Ainsi, ayant créé la langue, Amyot, s'il ne fut pas un écrivain de tout premier ordre, eut le grand mérite de préparer la voie à des écrivains supérieurs. Comme on l'écrit dans les Manuels : il « rendit possible » Montaigne. C'est en relisant assidûment Amyot, en effet, que le philosophe gascon s'est formé. C'est à Amyot qu'il faut savoir gré de ce que nous admirons dans sa forme : imprévu du vocabulaire, variété des tournures, grâce de l'expression. Car Amyot ne fut pas seulement un créateur de mots, ce fut aussi un écrivain remarquable. Pour employer une comparaison qui lui aurait plu sans doute, sa prose a pour nous toutes les séductions que Chloé exerça jadis sur Daphnis : maladresses d'une jeunesse timide encore, grâces sans prix d'un charme qui s'ignore. On oublie, à la lecture, qu'une aussi belle œuvre n'est qu'une traduction ; on cesse de deviner Plutarque sous la phrase naïve et molle de l'évêque d'Auxerre ; on va jusqu'à se figurer que c'est Jacques Amyot lui-même qui nous raconte avec la bonhomie d'un brave homme et la sympathie d'un lettré les hauts faits des anciens héros.

Il est enfin d'autres raisons pour lesquelles nous autres Français nous devons avoir pour le Plutarque d'Amyot la vénération la plus grande. Tous les critiques se sont plu à faire remarquer combien le choix d'un pareil auteur avait été heureux. Ils ont montré comment, par l'intermédiaire de Plutarque, conteur aimable, philosophe sans profondeur, mais esprit largement cultivé, en qui se résumait toute la culture ancienne, notre pays prit contact avec le monde antique, et comment la vigueur de la Renaissance s'en accrut. De telles constatations sont fort justes ; mais ce que nous ne devons pas oublier, c'est qu'aussitôt qu'en ce pays Plutarque a été connu, il n'est pas un esprit qui ne se prît d'un bel enthousiasme pour les héros dont l'histoire lui était retracée et qui ne rêvât en son cœur de suivre leur magnifique exemple. L'influence de Plutarque a été prépondérante en France pendant trois siècles ; elle dure encore aujourd'hui et il ne faudra rien moins pour l'anéantir que la ruine totale de toute notre culture. Montaigne en est tout pénétré. C'est à lire Plutarque que Jean-Jacques Rousseau et son père passaient leurs nuits, et c'est sur Plutarque que les retrouvaient les hirondelles qui coupaient de leurs vols l'aube limpide du ciel de Genève. C'est sous le patronage de Plutarque, historien des dévouements civiques et des vertus républicaines de la vieille Rome, que commença la Révolution française. C'est à lui que les orateurs de la Convention, à défaut d'arguments, empruntent leurs exemples. Sans doute, à cette époque, bien des traducteurs avaient succédé à Amyot, mais c'est à lui que revient l'honneur de nous avoir révélé, en même temps que Plutarque, toute une partie de notre conscience nationale, et c'est ce qui fait qu'on ne peut lire la simple prose d'Amyot sans une sorte d'émoi sacré.

ALEXANDRE LE GRAND

Ayant proposé d'escrire en ce livre les vies du roy Alexandre le grand, et de Julius Cæsar qui desfeit Pompeius, pour le nombre infiny des choses qui se presentent devant moy, je n'useray d'autre prologue, que de prier les lecteurs qu'ilz ne me reprenent point, si je n'expose pas le tout amplement et par le menu, ains summairement en abregeant beaucoup de choses, mesmement en leurs principaux actes et faicts plus memorables [car il fault qu'ilz se souvienent, que je n'ay pas pris à escrire des histoires, ains des vies seulement : et les plus haults et les plus glorieux exploits ne sont pas tousjours ceulx, qui monstrent mieulx le vice ou la vertu de l'homme : ains bien souvent une legere chose, une parole ou un jeu, mettent plus clairement en evidence le naturel des personnes, que ne font pas des desfaittes où il sera demouré dix mille hommes morts, ne les grosses batailles, ny les prises des villes par siege ne par assault. Tout ainsi donques comme les peintres qui portraient au vif, recherchent les semblances seulement ou principalement en la face et aux traicts du visage, èsquelz se voit comme une image emprainte des meurs et du naturel des hommes, sans gueres se soucier des autres parties du corps : aussi nous doibt on conceder que nous allions principalement recherchans les signes de l'ame, et par iceulx formans un portraict au naturel de la vie et des meurs d'un chascun, en laissant aux historiens à escrire les guerres, les batailles et autres telles grandeurs.]

II. C'est donques chose tenue pour toute asseurée, que Alexandre le grand du costé de son pere estoit descendu de la race de Hercules par Caranus, et du costé de sa mere, qu'il estoit extrait du sang des Æacides par Neoptolemus. Et dit on que le roy Philippus son pere estant jeune garson devint amoureux de sa mere Olympias, qui estoit aussi encore petite fille orpheline de pere et de mere, en l'isle de Samothrace,

là où ilz furent tous deux ensemble receuz en la confrairie de
la religion du lieu, et que depuis il la demanda en mariage à
son frere Arymbas, qui la luy donna : mais la nuict de
devant celle qu'ilz furent enfermez ensemble dedans leur
chambre nuptiale, l'espousée songea que la fouldre luy estoit
tumbée dedans le ventre, et que du coup il s'estoit allumé un
grand feu, lequel vint à se dissouldre en plusieurs flammes
qui s'espandirent par tout : et Philippus son mary songea
aussi depuis qu'il scelloit le ventre de sa femme, et que
l'engraveure du scel dont il le scelloit, estoit la figure d'un
lion. Si interpreterent les autres devins, que ce songe l'admo-
nestoit qu'il devoit soigneusement avoir l'œil sur sa femme :
mais un Aristander Telmesien respondit, que c'estoit à dire
que sa femme estoit enceincte : « Pource, dit il, que l'on ne
« scelle point une vase où il n'y a rien dedans, et qu'elle
« estoit grosse d'un filz qui auroit cueur de lion ». On dit
aussi que quelquefois ainsi comme elle dormoit en son lict,
on apperceut un grand serpent estendu tout au long d'elle,
qui fut cause principale, à ce que lon presume, de refroidir
l'amour que luy portoit, et les caresses que luy faisoit son
mary, de maniere qu'il n'alloit plus si souvent, comme il
avoit accoustumé au paravant, coucher avec elle, fust ou
pource qu'il eust peur qu'elle ne luy feist quelques charmes
et quelques sorselleries, ou qu'il se reputast indigne d'avoir
sa compagnie, ayant opinion qu'elle fust aimée et jouïe de
quelque dieu.

III. On le racompte encore en une autre sorte : c'est que
les femmes de ce quartier là de toute ancieneté sont ordinairement esprises de l'esprit d'Orpheus et de la fureur divine
de Bacchus, dont on les surnomme *Clodones* et *Mimallones*
comme qui diroit furieuses et belliqueuses, et font plusieurs
choses semblables aux femmes Edonienes et Thraciennes, qui
habitent au long de la montagne de Æmus : tellement qu'il
semble que ce mot de *Trescevin*, qui en langage Grec signifie
curieusement et superstitieusement vacquer aux cerimonies
du service des dieux, ait esté derivé d'elles : et que Olympias
aimant telles inspirations et telles fureurs divines, en les
exerceant plus barbaresquement et plus effroyablement que
les autres, attiroit après elle en leurs danses de grands ser-
pens privez, lesquelz se glissans souvent par entre les lierres,

dont les femmes sont couvertes en telles cerimonies, et hors
des vans sacrez qu'elles y portent, et s'entortillans à l'entour
des javelines qu'elles tiennent en leurs mains, et des chappeaux qu'elles ont sur leurs testes espouventoient les hommes.

IV. Ce neantmoins depuis que Philippus eut veu ceste
vision, il envoya Chæron Megalopolitain à l'oracle d'Apollo
en Delphes, pour enquerir que ce pouvoit estre, et ce qu'il
devoit faire : où il luy fut respondu, « qu'il sacrifiast à
« Jupiter Hammon, et qu'il le reverast sur tous les autres
« dieux, mais qu'il perdit l'un de ses yeux, celuy qu'il avoit
« mis à la fente de l'huis de sa chambre, lors qu'il veit ce
« dieu en forme de serpent couché auprès de sa femme ». Et
Olympias ainsi comme escrit Eratosthenes, disant adieu à
son filz, lors qu'il se partit pour aller à la conqueste de l'Asie,
après luy avoir revelé à luy seul se secret, de qui, et comment elle l'avoit conceu, le pria et admonesta de prendre
courage digne de celuy qui l'avoit engendré. Les autres au
contraire, disent qu'elle detesta ce compte là, en disant,
« Alexandre ne cessera il point de me rendre suspecte à la
« deesse Juno, en la faisant jalouse de moy » ?

V. Tant y a, comment qu'il en soit, que Alexandre nasquit
le sixième jour de juin, que les Macedoniens appellent *Lous* :
auquel jour propre fut bruslé le temple de Diane en la ville
d'Ephese, comme tesmoigne Hegesias Magnesien, qui en fait
une exclamation et une rencontre si froide, qu'elle eust peu
estre suffisante pour esteindre l'embrazement de ce temple.
Car « Il ne fault pas (dit il) esmerveiller comment Diane laissa
« lors brusler son temple, pource qu'elle estoit assez empes-
« chée à entendre, comme sagefemme, à l'enfantement et à la
« naissance d'Alexandre » : mais il est bien vray que tous
les presbtres, devins et prophetes qui lors estoient en Ephese,
estimans que cest embrazement du temple estoit certain presage de quelque autre grand inconvenient, s'en coururent
comme forcenez par la ville, batans leurs visages, en criant,
que ce jour là il estoit né quelque grand malheur et quelque
grande peste pour l'Asie. Et un peu après que Philippus eut
pris la ville de Potidæe, il luy vint trois grandes nouvelles
toutes à un coup : l'une, que Parmenion avoit desfait les
Esclavons en une grosse bataille : l'autre qu'il avoit gaigné
le prix de la course de cheval seul, non attelé avec d'autres,

ès jeux Olympiques : et la troisieme, que sa femme luy avoit fait un filz, qui estoit Alexandre : dequoy estant de luy mesme bien joyeux, les devins luy augmenterent encore sa joye, en luy promettant que ce filz qui estoit ainsi né, avec trois victoires toutes ensemble, seroit à l'advenir invincible.

VI. Or quant à la forme de toute sa personne, les images faittes de la main de Lysippus sont celles qui la representent le mieulx au naturel. Aussi ne voulut il point qu'autre imager le taillast que luy : car plusieurs de ses successeurs et de ses amis le contrefeirent bien depuis, mais cest ouvrier là, sur tous les autres, a parfaittement bien observé et representé sa façon de porter le col un bien peu penchant sur le costé gauche, et aussi la doulceur de son regard et de ses yeux. Mais quand Apelle le peignit tenant la foudre en sa main, il ne representa pas sa naïfve couleur, ains le feit plus brun et plus obscur qu'il n'estoit au visage : car il estoit naturellement blanc, et la blancheur de son teinct meslée d'une rougeur, qui apparoissoit principalement en sa face et en son estomac. Et me souvient d'avoir leu ès commentaires d'Aristoxenus, que sa charneure sentoit bon, et qu'il avoit l'aleine très doulce et issoit de toute sa personne une odeur fort souëfve, tellement que les habillemens qui touchoient à sa chair en estoient comme tous perfumez, dont la cause possible estoit la temperature et complexion de son corps fort chaulde et tenant du feu, pource que la doulce senteur s'engendre par le moyen de la chaleur qui cuit et digere l'humidité, ainsi comme Theophrastus estime : dont vient que les plus seiches regions, et parties de la terre les plus bruslées de la chaleur du soleil, sont celles qui portent le plus et de meilleures espiceries, à cause que le soleil enleve l'humidité superflue des corps, comme matiere propre de putrefaction : et semble que ceste chaleur naturelle rendoit Alexandre subject à boire, et courageux aussi.

VII. Au demourant, dès qu'il estoit encore enfant, on cogneut evidemment qu'il seroit continent quant aux femmes : car estant impetueux et vehement en toutes autres choses, il estoit difficile à emouvoir aux plaisirs du corps, et en prenoit fort sobrement : mais au contraire sa convoitise d'honneur estoit acccompagnée d'une fermeté de courage et une magnanimité plus constante que son aage ne portoit : car il n'appetoit pas toute sorte de gloire, ny procedente de toutes choses indifferemment, comme faisoit son pere, lequel aimoit à monstrer son eloquence, comme eust fait un rhetoricien, et engravoit en ses monnoyes, les victoires qu'il avoit gaignées ès courses de chevaux et chariots aux jeux Olympiques : ains comme quelques uns luy demandassent un jour s'il se voudroit point presenter à la feste des jeux Olympiques, pour essayer d'y gaigner le pris de la course, pource qu'il estoit fort dispos, et leger du pied à merveilles : « Ouy bien, « respondit il, si c'estoit roys qui y courussent » : combien que à parler universellement, il haïst toute sorte de ces combatans là en jeux de prix : car ayant par plusieurs fois fait des festes où il proposoit des pris aux joueurs de tragœdies et de comœdies, aux chantres musiciens, joueurs de flustes et de cythres, et jusques aux poëtes, et où semblablement il faisoit faire des chasses diverses de tout genre de bestes, et des combats à coups de baston, jamais il ne prit plaisir à faire combatre à l'escrime des poings, ny à l'autre escrime où les combatans s'aident de tout ce qu'ilz peuvent. Il recueillit une fois des ambassadeurs du roy de Perse, pendant que son pere estoit allé en quelque voyage hors de son royaume, et se rendant privé avec eulx, les gaigna tellement par la courtoisie dont il leur usa, et la bonne chere qu'il leur feit, et par ce qu'il ne leur demandoit rien de puerile ny de petit, ains les interrogeoit des distances qu'il y avoit d'un lieu à autre, et de la maniere comment on alloit sur les champs ès haultes provinces de l'Asie, et du roy mesme de Perse, comme il se deportoit envers ses ennemis, et quelles forces et puissance il avoit, qu'ilz en demourerent grandement satisfaicts et plus encore esmerveillez : de maniere qu'ilz n'estimerent plus l'eloquence et la vivacité d'esprit de Philippus, dont on faisoit tant de compte, à comparaison de l'instinct à toutes haultes entreprises, et des grands faicts que promettoit le naturel de son filz. Au moyen dequoy toutes les fois qu'il venoit nouvelles que son pere avoit pris aucune ville de renom, ou gaigné quelque grosse bataille, il n'estoit point fort joyeux de l'entendre, ains disoit à ses egaulx en aage : « Mon « pere prendra tout, enfans, et ne me laissera rien de beau « ny de magnifique à faire et à conquerir avec vous ». Car n'aimant point la volupté, ny l'argent, ains la vertu et la gloire, il estimoit que tant plus son pere luy laisseroit de grandes et glorieuses conquestes, tant moins il luy demoureroit de bien à faire par luy mesme : et pourtant voyant que l'estat de son pere et son empire alloit croissant tous les jours de plus en plus, il cuidoit que tout ce qu'il y avoit de beau à faire au monde se deust entierement consumer en luy et aimoit mieulx recueillir de luy une seigneurie, où il y eust occasions de grosses guerres, de grandes batailles, et force matiere de se faire honneur, que non pas de grands tresors, des delices, ny de grands moyens de vivre à son plaisir.

VIII. Or y avoit il autour de luy, comme lon peult penser, plusieurs personnes ordonnées pour le dresser et bien nourrir, comme gouverneurs, chambellans, maistres et precepteurs : mais Leonidas estoit celuy qui avoit la superintendence par dessus tous les autres, homme austere de sa nature, et parent de la royne Olympias : mais quant à luy il haïssoit ce nom de maistre, ou precepteur, combien que ce soit une belle et honorable charge, à raison dequoy les autres l'appelloient le gouverneur et conducteur d'Alexandre, à cause de la dignité de sa personne, et de ce qu'il estoit parent du prince : mais celuy qui tenoit le lieu, et qui avoit le tiltre de maistre, estoit un Lysimachus natif du païs d'Acarnanie, lequel n'avoit rien de bon ny de gentil en soy : mais pource qu'il se nommoit Phœnix, et Alexandre Achilles, et Philippus Peleus, il tenoit le second lieu après le gouverneur.

IX. Au reste comme Philonicus Thessalien eust amené au roy Philippus le cheval Bucephal pour le luy vendre, en demandant treze talents, ilz descendirent en une belle carriere pour l'essayer et le picquer. Il fut trouvé si rebours et si farouche, que les escuyers disoient que lon n'en pourroit jamais tirer service, à cause qu'il ne vouloit pas souffrir que lon montast dessus luy, ny seulement endurer la voix et la parole de pas un des gentilz hommes, qui fussent autour de Philippus, ains se dressoit à l'encontre d'eulx tous, de façon que Philippus s'en despita, et commanda que lon le remmenast comme beste vicieuse, sauvage et du tout inutile : et l'eust on fait, si n'eust esté que Alexandre, qui estoit present, dit « O dieux ! Quel cheval ilz rebutent pour ne sçavoir à « faute d'adresse et de hardiesse s'en servir ». Philippus ayant

ouy ces paroles, pour la premiere fois ne feit pas semblant
de rien : mais comme il les allait repetant plusieurs fois entre
ses dents autour de luy, monstrant d'estre bien marry dequoy
lon renvoyoit le cheval, il luy dit à la fin : « Tu reprens ceulx
« qui ont plus d'aage et d'experience que toy, comme si tu y
« entendois quelque chose plus que eulx, et que tu sceusses
« mieulx comment il fault mener un cheval à la raison qu'ilz
« ne font ». Alexandre luy respondit : « A tout le moins manie-
« roie-je mieulx cestuy cy, qu'ilz n'ont fait eulx ». « Mais
« aussi, repliqua Philippus, si tu n'en peux venir à bout, non
« plus qu'eulx, quelle amende veux tu payer pour ta teme-
« rité »? « Je suis content, respondit Alexandre, de perdre
« autant comme vault le cheval ». Chascun se prit à rire de
ceste response, et fut entre eulx deux la gageure accordée
d'une certaine somme d'argent. Et donc Alexandre s'en courant vers le cheval, le prit par la bride, et le retourna la teste
vers le soleil, s'estant apperçeu, comme je croy, que le cheval
se tourmentoit, à cause qu'il voyoit son umbre, laquelle tumboit et se remuoit devant luy à mesure qu'il se mouvoit :
puis en le caressant un peu de la voix et de la main, tant
qu'il le veit ronflant et souflant de courroux, laissa à la fin
tout doulcement tumber son manteau à terre, et se soublevant
dextrement d'un sault leger monta dessus sans aucun danger,
et luy tenant un peu la bride roide sans le batre ny harasser,
le remeit gentiment : puis quand il veit qu'il eut jetté tout
son feu de despit, et qu'il ne demandoit plus qu'à courir,
alors il luy donna carriere à toute bride, en le pressant encore
avec une voix plus aspre que son ordinaire et un talonne-
ment de pieds. Philippus du commencement le regarda faire
avec une grande destresse de crainte qu'il ne se feist mal,
sans mot dire toutefois : mais quand il le veit addroittement
retourner le cheval au bout de la carriere, tout fier de l'aise
d'avoir bien faict, alors tous les autres assistens s'en escrierent
par admiration : mais au pere les larmes, à ce que lon dit,
en vindrent aux yeux de joye qu'il en eut, et quand il fut
descendu de cheval, luy dit en luy baisant la teste : « O mon
« filz, il te fault chercher un royaume qui soit digne de toy :
« car la Macedoine ne te sçauroit tenir ».

X. Et considerant que sa nature estoit difficile à manier,
pource qu'il s'opiniastroit à ne vouloir point estre forcé de

rien, mais que par remonstrance on le conduisoit facilement
à la raison, luy mesme tascha tousjours à luy persuader par
raison, ce qu'il luy vouloit faire faire, plus tost que de luy
commander : et ne se fiant pas trop de l'institution et nourriture de son filz aux maistres de musique et des lettres
humaines, qu'il avoit mis autour de luy pour l'enseigner, ains
estimant que c'estoit charge de plus grande portée que la
leur, et qui avoit besoing, comme dit Sophocles,

De plusieurs mords et de plusieurs timons :

il envoya querir Aristote, le plus renomme et le plus sçavant
philosophe de son temps, en luy payant un très honorable
salaire pour l'escholage de son filz : car ayant par avant
deserté et destruit la ville de Stagira, dont il estoit natif, il
la rebastit depuis en faveur de luy, et y remeit les habitants
qui s'en estoient fois, ou qui avoient esté reduits en servitude,
et leur ordonna pour leur demourance, et pour le sejour de
leurs estudes, la maison de plaisance qui est auprès de la
ville de Mieza là où lon monstre encore des sieges de pierre
que Aristote y feit faire, et des allées couvertes d'arbres pour
se promener à l'umbre.

XI. Si me semble que Alexandre n'apprit pas de luy les
sciences morales et politiques seulement, ains ouit aussi les
autres plus secretes, plus difficiles et plus graves doctrines,
que les disciples d'Aristote appeloient proprement acroma-
tiques ou epoptiques, comme qui diroit speculatives, qu'il
faut avoir ouyes du maistre pour les entendre, ou recluses
arriere de la cognoissance du vulgaire, lesquelles sciences, ilz
ne publioient point ny ne les communiquoient point à la commune : tellement que Alexandre mesme estant ja passé en
Asie, et entendant comme Aristote en avoit mis hors et
publié quelques livres, luy en escrivit une lettre, par laquelle
il l'en tensa assez librement pour l'honneur de la philosophie,
et estoit la teneur de la missive telle : Alexandre à Aristote
salut. « Tu n'as pas bien fait d'avoir publié tes livres des
« sciences speculatives, pourautant que nous ne aurons rien
« par dessus les autres, si ce que tu nous as enseigné en secret,
« vient à estre publié et communiqué à tous, et je veux bien
« que tu saches que j'aimeroye mieulx surmonter les autres
« en intelligence des choses haultes et très bonnes, que non

« pas en puissance. A dieu ». A quoy Aristote, pour appaiser
cest ambitieux mescontentement, luy respond, « que ces livres
« là n'estoient ny publiez, ny à publier » : car, à dire la
vérité, en tout le traité, qu'il appelle *metaphysique*, comme
qui diroit, science suivant la naturelle, il n'y a aucune evidente instruction et expression, qui puisse estre utile, ny pour
apprendre à par soy, ny pour enseigner à autruy, de maniere
qu'il est escrit pour ceulx qui sont desja sçavans, et qui ont
esté instruits dès le commencement. Et me semble aussi que
ce fut Aristote, plus que nul autre, qui luy feit prendre plaisir et affection à l'art de medecine : car il n'en aima pas seulement l'intelligence et la theorique, ains en exercea aussi
la pratique, en secourant ses amis quand ilz demouroient
malades : et composa quelques receptes de medicamens, et
quelques reglemens de vivre, ainsi comme lon peut cognoistre
par ses lettres missives : pource que de sa nature il estoit
homme studieux, et aimoit à lire.

XII. Il voulut aussi avoir l'Iliade d'Homere de la correction
d'Aristote, que lon appelle la correcte, comme ayant passé
soubs la verge, et la mettoit toujours avec son poignart dessoubs le chevet de son lict, l'estimant et la nommant nourriture ou entretien de la vertu militaire, ainsi comme Onesi-
crates à escrit. Et quand il fut ès haultes provinces de l'Asie,
ne pouvant recouvrer promptement d'autres livres, il escrivit
à Harpalus qu'il luy en envoyast. Il luy envoya les histoires
de Philistus, avec plusieurs tragœdies de Euripides, de
Sophocles et d'Æschylus, et qnelques hymnes de Telestus et
de Philoxenus. Si aima et honora du commencement Aristote,
non moins que son propre pere, comme il disoit luymesme,
pource que de l'un il avoit receu le vivre, et de l'autre le
bien vivre : mais depuis il l'eut un peu suspect, non jusques
à luy en faire aucun desplaisir, ains seulement jusques à ne
luy faire pas tant ny de si amiables et si affectueuses caresses,
comme il avoit appris au paravant, ce que lon presuma estre
signe de quelque alienation de voulunté : toutefois pour
cela ne luy sortit point de l'ame le desir et l'amour de la
philosophie, qu'il avoit dès son enfance empraint en son cueur,
et qui y estoit creu avec son aage quant et luy, ainsi que
tesmoignerent depuis l'honneur qu'il feit au philosophe
Anaxarchus, et les cinquante talents qu'il envoya à Xenocrates,

et Dandamis et Calanus, desquelz il feit si grand compte.

XIII. Au reste, estant Philippus allé faire la guerre à ceulx de la ville de Byzance, et luy en l'aage de seize ans demouré en Macedoine son lieutenant et garde de son seau, il dompta et subjugua les Medariens qui s'estoient rebellez : et ayant pris leur ville d'assaut en dechassa les barbares habitans, et y en logea d'autres meslez de plusieurs nations, surnommant la ville Alexandropolis, c'est à dire, la ville d'Alexandre. Il se trouva aussi avec son pere en la bataille de Chæronée contre les Grecs, là où lon dit que ce fut luy qui donna le premier dedans la bande, que lon appeloit sacrée, des Thebains : et jusques à mon temps encore monstroit on un vieil chesne, que ceulx du païs appeloient communement le chesne d'Alexandre pour autant que son pavillon y estoit lors tendu dessoubs : et non gueres loing de là est le charnier, auquel furent enterrez les corps des Macedoniens qui moururent en la bataille.

XIV. Pour lesquelles choses son pere comme lon peult estimer, l'aimoit uniquement, et estoit bien aise d'ouir que les Macedoniens appelloient Alexandre leur roy, et Philippus leur capitaine : mais les troubles, qui depuis advindrent en sa maison, à cause de ses nouvelles nopces et nouvelles amours, engendrerent de grands differens et de lourdes querelles entre eulx, pource que la maladie de la dissension, et jalousie des femmes penetra jusques à departir les cueurs des roys mesmes, de quoy fut principalement cause l'aigre nature d'Olympias, laquelle estant femme jalouse, cholere et vindicative de nature, alloit irritant Alexandre, et augmentant les mescontentemens qu'il avoit de son pere : toutefois la plus apparente occasion fut celle que luy donna Attalus aux nopces de Cleopatra, que Philippus espousa fille, estant devenu hors d'aage et de saison amoureux d'elle. Car Attalus, qui estoit oncle de la nouvelle mariée, s'enyvra au festin des nopces, et estant yvre admonesta les autres seigneurs Macedoniens qui estoient aussi au festin, qu'ilz priassent aux dieux que de Philippus et de Cleopatra il leur peust naistre un hoir legitime, pour succeder au royaume de Macedoine : dequoy Alexandre se sentant picqué, luy jetta une couppe à la teste en luy disant, « Et moy, traistre que tu es, te semble il « doncques que je sois bastard » ? Ce que voyant Philippus

se leva soudain de la table l'espée traitte en la main : mais
de bonne fortune pour tous deux, estant troublé de cholere
et de vin, il tumba en terre : et adonc Alexandre se mocquant
de luy, « Voila, dit il, celuy, qui se preparoit pour passer
« d'Europe en Asie, en voulant seulement passer d'un lict à
« un autre, il s'est laissé tumber tout de son long ». Depuis
ce grand scandale, il prit sa mere Olympias, et la remenant
en son païs d'Epire, s'en alla ce pendant tenir en Esclavonnie.

XV. Mais en ces entrefaittes Demaratus Corinthien estant
hoste de Philippus, et ayant une privaulté fort franche avec
luy, le vint veoir, et après les premieres caresses de la salu-
tation, comme Philippus luy demandast comment estoient les
Grecs d'accord ensemble : « Vrayement, luy respondit il,
« sire, il te siet bien de te soucier et enquerir de la concorde
« des Grecs, veu que tu as emply ta propre maison de si
« grandes querelles et de tant de dissensions ». Ceste parole
poignit Philippus au vif, et luy feit recognoistre sa faulte, de
maniere qu'il feit revenir Alexandre par l'entremise de cestuy
Demaratus, qu'il y envoya pour luy persuader qu'il retournast.

XVI. Et comme Pexodorus prince de la Carie desirant par
le moyen d'alliance de mariage entrer en ligue offensive et
defensive avec Philippus, presentast sa fille aisnée en mariage
à Aridæus filz de Philippus, et eust envoyé en Macedoine
Aristocritus son ambassadeur, pour traitter et manier cest
affaire : les familiers d'Alexandre et sa mere commencerent
de rechef à luy faire de nouveaux rapports, et à luy mettre
en teste nouvelles suspicions, que Philippus vouloit à son
prejudice avancer par ce gros mariage Aridæus, et le laisser
son successeur au royaume : dont Alexandre se trouvant
ennuyé, envoya un nommé Thessalus joueur de tragœdies
devers Pexodorus en la Carie, pour luy monstrer qu'il devoit
laisser là Aridæus qui estoit bastard, et n'avoit pas le sens
entier ny rassis, et chercher plus tost l'alliance d'Alexandre.
Pexodorus fut bien plus content d'avoir Alexandre pour son
gendre, que non pas Aridæus : mais Philippus en estant
adverty, s'en alla luymesme en la chambre d'Alexandre,
menant quant et luy l'un de ses familliers Philotas filz de
Parmenion, et le tensa fort asprement, en luy remonstrant

qu'il auroit bien le cueur lasche et indigne de l'estat qu'il
luy laisseroit à son trespas, s'il se contentoit d'espouser la fille
d'un Carien, qui estoit serf et vassal d'un roy barbare : et
quant et quant escrivit aux Corinthiens, qu'ilz luy envoyassent
Thessalus pieds et poings liez, et bannit de la Macedoine
Harpalus, Nearchus, Phrygius et Ptolomæus, les mignons de
son filz, lesquelz Alexandre rappella depuis, et les teint tous
en grand lieu de faveur auprès de luy.

XVII. Quelque temps après Pausanias ayant esté villaine-
ment outragé en son corps du seeu et par le commandement
d'Attalus et de Cleopatra, et n'en ayant peu obtenir repara-
tion ny justice de Philippus, tourna son ire contre luy, et le
tua luy mesme par despit : duquel meurtre la coulpe pour la
plus part fut bien donnée à Olympias, laquelle, ainsi que lon
dit, incita et poulsa ce jeune homme bouillant de courroux à
ce faire : mais aussi y en eut il quelque suspicion, qui toucha
à Alexandre : car on dit que comme Pausanias luy parlast
de son affaire après l'injure receuë, et s'en plaignist à luy, il
luy allegua ces vers qui sont en tragœdie de la Medée du
poëte Euripides, là où elle dit en courroux qu'elle se ven-
gera,

> Du marié et de la mariée,
> Et qui luy a pour femme appariée.

Toutefois depuis il feit diligemment chercher et punir seve-
rement tous les complices de la conjuration, et ne fut pas
content de ce que sa mere Olympias avoit cruellement traitté
Cleopatra.

XVIII. Si vint à succeder à la couronne de Macedoine en
l'aage de vingt ans, et trouva son royaume exposé à grandes
envies, espié de dangereux ennemis, et de tous costez environné de griefs perilz, à cause que les nations barbares, voisines de la Macedoine, ne pouvoient supporter le joug de la
servitude estrangere, ains regrettoient leurs roys naturelz.
Et Philippus ayant conquis la Grece par force d'armes,
n'avoit pas eu du temps assez pour la bien dompter, et entierement accoustumer au joug, ains y ayant seulement un peu
remué les gouvernemens, avoit laissé les choses en grand
trouble et en grand branle, pour n'estre pas de longue main
accoustumée de servir : pourquoy ceulx du conseil de Macedoine redoubtans la mauvaistié du temps, estoient d'advis

que Alexandre abandonnast totalement les affaires de la Grece, et qu'il ne s'aheurtast point autrement à les vouloir avoir par force : et au demourant qu'il taschat à regaigner tout doulcement les barbares qui s'estoient rebellez, et remedier sagement par doulceur au soublevement de ces nouvelletez. Mais luy tout au contraire, se delibera de maintenir et asseurer ses affaires par hardiesse et magnanimité, ayant opinion, que si on le sentoit fleschir à ce commencement, tant peu que ce fust, tout le monde luy courroit sus, et se soubleveroit à l'encontre de luy.

XIX. Si amortit incontinent les mouvemens des barbares, en courant soudain avec son armee jusques à la riviere du Danube, là où il desfeit en une grosse bataille Syrmus le roy des Triballiens : et ayant nouvelles d'un autre costé, comme les Thebains s'estoient rebellez, et que les Atheniens s'entendoient avec eulx, pour leur monstrer et faire sentir qu'il estoit homme, il feit incontinent marcher son armée vers le destroit des Thermopyles, disant « qu'il vouloit faire veoir « à l'orateur Demosthenes, qui l'appelloit en ses harengues, « *enfant*, pendant qu'il estoit en Esclavonnie et au païs des « Triballiens, qu'il estoit devenu *adolescent* en passant par « la Thessalie, et qu'il le trouveroit *homme* fait devant les « murailles d'Athenes ». Arrivé qu'il fut devant Thebes, il voulut donner moyens à ceulx de la ville de se repentir, et leur demanda seulement Phœnix et Prothytes, auteurs de la rebellion. Et au demourant feit proclamer à son de trompe, qu'il donnoit pardon et seureté à tous ceulx qui se retourneroient devers luy : mais les Thebains à l'opposite luy demanderent Philotas et Antipater, deux de ses principaux serviteurs, et feirent crier publiquement que ceulx qui voudroient défendre la liberté de la Grece, se joignissent avec eulx : à l'occasion dequoy il lascha adonc la bride aux Macedoniens pour leur faire la guerre à toute oultrance. Si combatirent les Thebains de courage et d'affection plus grande que n'estoit leur puissance, attendu que leurs ennemis estoient plusieurs contre un : mais quand la garnison des Macedoniens, qui estoient dedans le chasteau de la Cadmée, sortant sur eulx, les vint encore charger par derriere, alors estans enveloppez de toutes partz, ilz furent presque tous tuez sur le champ, la ville prise, destruitte et rasée rez pied rez terre. Ce qu'il feit faire en intention d'espouventer principalement les autres peuples Grecs par l'exemple de ceste grande desolation des Thebains, à fin qu'il n'y en eust plus pas un qui ozast lever la teste contre luy : et toutefois encore voulut il donner quelque couleur honeste à ceste execution de vengeance, disant qu'il vouloit satisfaire aux plaintes et doleances de ses alliez et confederez, pource qu'à la verité les Phociens et les Plateiens chargeoient et accusoient devant luy les Thebains de grands oultrages : au moyen dequoy exceptant les presbtres et gens de religion, et tous ceulx qui estoient amis particuliers, ou hostes de seigneurs Macedoniens, tous les descendans et parents du poëte Pindarus, et tous ceulx qui avoient contredit à ceulx qui suadoient la rebellion, il feit vendre comme esclaves tout le demourant des habitans de Thebes, qui se trouverent jusques au nombre de trente mille, sans ceulx qui estoient morts en la bataille, qui passoient six mille.

XX. Mais entre les miseres et calamitez de ceste pauvre ville de Thebes, il y eut quesques soudards Thraciens, lesquelz ayans razé la maison de Timoclea, dame de bien et d'honneur, issue de noble race, departirent ses biens entre eux : et leur capitaine l'ayant prise à force et violée, luy demanda si elle avoit point caché d'or ou d'argent en quelque part. La dame luy respondit que ouy, et le menant tout seul en un jardin, luy monstra un puis dedans lequel elle disoit, que voyant la ville prise, elle avoit jetté toutes ses bagues et tout ce qu'elle avoit de plus beau et de plus riche meuble. Le barbare Thracien se baissa pour regarder dedans le puis, et elle qui estoit derriere, le poulsa dedans, et puis jetta dessus force pierres, tant qu'elle l'assomma. Les soudards quand ilz le sceurent, la saisirent incontinent, et la menerent liée et garrottée devant le roy Alexandre : lequel, à veoir son visage, sa contenance et sa marche, premierement jugea bien que c'estoit quelque dame d'honneur et de grand lieu, tant elle marchoit asseureement et constamment après ceulx qui la menoient, sans se monstrer estonnée ni effroyée de chose quelconque : puis quand Alexandre luy demanda qui elle estoit, elle luy respondit qu'elle étoit sœur de Theagenes, celuy qui avoit donné la bataille au roy Philippus devant la ville de Chæronnée, où il estoit mort pour la defense de la liberté des Grecs en estat de capitaine general. Alexandre s'esmerveillant de cette response genereuse, et aussi de l'acte qu'elle avoit fait, commanda que lon la laissast aller libre avec ses enfans là où elle voudroit, et feit appointement avec les Atheniens, quoy qu'ilz monstrassent evidens signes d'estre fort desplaisans de la fortune des Thebains.

XXI. Car estant lors escheute la feste des mysteres, ilz la laisserent pour le dueil qu'ilz en portoient, et à ceulx qui s'en fouyrent en leur ville, feirent toute l'humanité qu'il leur fut possible : mais fust, ou pource que son courroux estoit desja assouvy, suivant en cela le naturel des lions, ou pource qu'il voulust après un exemple de très cruelle vengeance, en monstrer un autre de singuliere clemence, non seulement il absolut les Atheniens de tout crime, ains leur conseilla et les admonesta d'avantage qu'ilz eussent l'œil aux affaires, et qu'ilz entendissent à eulx, pource que leur ville estoit pour donner un jour la loy à toute la Grece, si d'adventure il venoit à mourir. Lon dit bien que certainement il se repentit par plusieurs fois depuis, d'avoir ainsi miserablement exterminé les Thebains, et fut le regret qu'il en eut cause, que depuis il se monstra plus humain envers beaucoup d'autres : et sans point de doubte il eut opinion que le meurtre de Clytus qu'il occit à la table, et le refus que lui feirent les Macedoniens de passer outre à la conqueste du demourant des Indes, qui fut comme une imperfection de son entreprise et diminution de sa gloire, luy advindrent par le courroux et la rancune de Bacchus qui s'en voulut venger de luy : et n'y eut oncques puis Thebains de ceulx qui peurent eschapper la fureur de sa victoire, qui eut affaire à luy, ou le requist d'aucune chose, qui n'impetrast tout ce qu'il demandoit. Voilà comment la ville de Thebes fut traitée.

XXII. Au demourant les Grecs ayant tenu une assemblée generale des estats de la Grece dedans le detroit du Peloponese, où ilz resolurent qu'ilz feroient la guerre aux Perses avec Alexandre, il y fut eleu capitaine general de la Grece : et là comme plusieurs, tant philosophes, que gens d'affaires, l'allassent visiter, pour s'esjouïr avec lui de son élection, il cuida bien que Diogene *le Sinopien*, qui se tenoit ordinairement à Corinthe, le deust aller veoir aussi : mais quand il veit qu'il ne faisoit compte de luy, ains se tenoit à son aise au faulxbourg, qui s'appelle Cranium, il s'en alla luy mesme devers luy, et le trouva couché tout de son long au soleil : toutefois quand il veit tant de gens venir devers luy, il se leva un petit en son seant, et regarda Alexandre au visage. Alexandre le salua et le caressa de paroles, et puis luy demanda, « s'il avoit point affaire de quelque chose ». « Oui, « respondit il, c'est que tu t'ostes un peu de devant mon « soleil ». Alexandre prit si grand plaisir à ceste réponse, et eut en telle admiration la haultesse et grandeur de courage de cest homme, de veoir le peu de compte qu'il avoit fait de luy, qu'au partir de là, comme ses familiers se rissent ensemble et se moquassent de luy, il leur dit, « Vous en « direz ce que vous voudrez, mais certainement si je n'estois « Alexandre, je vouldroie estre Diogenes ».

XXIII. Et voulant enquerir l'oracle d'Apollo touchant son voyage de l'Asie, il s'en alla en la ville de Delphes : mais il se rencontra de fortune, qu'il y arriva ès jours, que l'on appelle malencontreux, ès quelz lon n'avoit point accoustumé de demander rien à Appollo : ce néantmoins il envoya premierement devers la prophetisse, qui prononceroit les oracles, la prier de venir : et comme elle en feist refus, alleguant la coustume, qui luy defendoit d'y aller, luy mesme y alla en personne, et la tira par force au temple. Elle adonc voyant qu'elle ne pouvoit resister à son affection, luy dit : « Tu es invincible, à ce que je voy, mon filz ». Ce qu'Alexandre ayant entendu, dit, qu'il ne demandoit point d'autre oracle, et qu'il avait celuy qu'il desiroit d'elle. Depuis quand il fut sur le poinct de partir pour aller à son voyage, il eut plusieurs signes et presages divinement envoyez : et entre autres, une image du poëte Orpheus faitte de bois de ciprez, en la ville de Lebethres, environ ces jours là rendit grande quantité de sueur : et comme plusieurs redoubtassent ce pronostique là, le devin Aristander au contraire l'interpreta, qu'il en falloit bien esperer : car c'est signe, dit-il, « Que « Alexandre fera des conquestes et des prouesses d'armes « dignes d'estre chantées et renommées par tout le monde, « lesquelles feront souvent venir la sueur au front des poëtes « et des musiciens, pour la peine qu'ilz auront à les descrire « et les chanter ».

XXIV. Quant au nombre des combatans, qu'il mena avec luy, ceulx qui en mettent le moins, disent trente mille hommes de pied, et cinq mille de cheval, et ceulx qui en mettent le plus, escrivent trente et quatre mille de pied, et quatre de cheval. Et pour les soudoyer et entretenir, Aristobulus escrit qu'il n'avoit pas plus de soixante et dix talents : et Duris ne met de provisions de vivres, que pour trente jours seulement : et Onesicritus dit d'avantage, qu'il devoit plus de deux cents talents. Toutefois, encore qu'il entrast en cette guerre avec si peu de moyen pour la soustenir, si ne voulust il jamais monter sur sa navire, que premierement il ne se fust informé de l'estat de tous ses amis, pour entendre les moyens qu'ilz avoient de le suivre, et qu'il n'eut distribué à l'un des terres, à l'autre un village, et à l'autre le revenu de quelque bourgade, ou de quelque port, tellement qu'en ces dons là, il employa et consuma presque tout le domaine des roys de Macedoine. Parquoy Perdiccas luy demanda, « Mais pour toy, Sire, que retiens tu » ? Et il luy respondit promptement, *l'esperance.* « Nous y voulons donques, repliqua « Perdiccas, avoir part aussi, puis que nous allons quant et « toy » : et ainsi refusa le revenu que le roy luy avoit assigné pour sa pension : ce que quelques uns des autres feirent aussi comme luy : mais ceulx qui en voulurent recevoir, ou qui en demanderent, il leur en donna fort liberalement, et despendit en cela la plus part du domaine ordinaire de son royaume.

XXV. En telle affection et telle deliberation donques passa il le destroit de l'Hellespont, et allant jusques en la ville d'Ilium, y sacrifia à Diane, et y espandit des effusions funerales aux demi-dieux, c'est à dire, aux princes qui moururent en la guerre de Troye, dont les corps y estoient ensepveliz, principalement à Achilles, la sepulture duquel il oignit d'huile, et courut nud tout à l'entour avec ses mignons, selon la coustume anciene des funerailles, puis la couvrit toute de chappeaux et de festons de fleurs, disant « qu'il estoit bien « heureux d'avoir eu en sa vie un loyal amy, et après sa « mort un excellent herault pour dignement chanter ses « louanges ». Et ainsi qu'il alloit çà et là par la ville, visitant les choses notables qui y estoient, quelqu'un luy demanda s'il vouloit point voir la lyre de Paris : auquel il respondit,

« Je n'ay pas grande envie de veoir celle là, mais je verroye
« voluntiers celle d'Achilles, sur laquelle il jouoit et chantoit
« les haultz faitcs et prouesses des hommes vertueux du
« temps passé ».

XXVI. Ce pendant les capitaines et lieutenans du roy de
Perse, Darius, ayans mis une grosse puissance ensemble,
l'attendoient au passage de la riviere de Granique. Si estoit
necessaire de combattre là, comme à la barriere de l'Asie,
pour en gaigner l'entrée : mais la plus part des capitaines de
son conseil craignoient la profondeur de ceste riviere, et la
haulteur de l'autre rive qui estoit roide et droitte, et si ne la
pouvoit on gaigner ny y monter sans combatre : et y en
avoit qui disoient qu'il falloit prendre garde à l'observance
anciene des mois, pource que les roys de Macedoine n'avoient
jamais accoustumé de mettre leur armée aux champs le mois
de juing : à quoy Alexandre leur respondit qu'il y reme-
dieroit bien, commandant que l'on l'appellast *le second may*.
D'avantage Parmenion estoit d'advis que pour le premier
jour il ne falloit rien hazarder, à cause qu'il estoit desja tard,
à quoy il luy respondit « que l'Hellespont rougiroit de honte,
« si luy croignoit de passer une riviere, veu qu'il venoit de
« passer un bras de mer » : et en disant cela il entra luy
mesme dedans la riviere avec treze compagnies de gens de
cheval, et marcha la teste baissée à l'encontre d'une infinité
de traicts, que les ennemis luy tirerent montant contremont
l'autre rive, qui estoit couppée et droitte, et, qui pis est, toute
couverte d'armes, de chevaux et d'ennemis qui l'attendoient
en bataille rangée, poulsant les siens à travers le fil de l'eau,
qui estoit profonde, et qui couroit si roide, qu'elle les
emmenoit presque aval, tellement que lon estimoit qu'il y
eust plus de fureur en sa conduite, que de bon sens ny de
conseil. Ce nonobstant il s'obstina à vouloir passer à toute
force, et feit tant qu'à la fin il gaigna l'autre rive à grande
peine et grande difficulté : mesmement pource que la terre
y glissoit à cause de la fange qu'il y avoit. Passé qu'il fut,
il fallut aussi tost combatre pesle mesle d'homme à homme,
pource que les ennemis chargerent incontinent les premiers
passez, avant qu'ils eussent loisir de se renger en bataille, et
leur coururent sus avec grands cris, tenant leurs chevaux
bien joincts et serrez l'un contre l'autre, et combatirent à

coups de javelines premierement, et puis à coups d'espée, après que les javelines furent brisées.

XXVII. Si se ruerent plusieurs ensemble tout à un coup sur luy, pource qu'il estoit facile à remarquer et cognoistre entre tous les autres à son escu, et à la cueuë qui pendoit de son armet, à l'entour de laquelle y avoit de costé et d'autre un pennache grand et blanc à merveilles. Si fut attainct d'un coup de javelot au default de la cuirace, mais le coup ne percea point : et comme Roesaces et Spithridates deux des principaux capitaines Persiens s'addressassent ensemble à luy, il se destourna de l'un, et picquant droit à Roesaces, qui estoit bien armé d'une bonne cuirace, luy donna si grand coup de javeline qu'elle se rompit en sa main, et meit aussi tost la main à l'espée : mais ainsi comme ilz estoient accouplez ensemble, Spithridates s'approchant de luy en flanc, se souleva sur son cheval, et luy ramena de toute sa puissance un si grand coup de hache barbaresque, qu'il couppa la creste de l'armet, avec un des costez du pennache, et y feit une telle faulsée, que le trenchant de la hache penetra jusques aux cheveux : et ainsi comme il en vouloit encore donner un autre, le grand Clytus le prevint, qui luy passa une parthisane de part en part à travers le corps, et à l'instant mesme tumba aussi Roesaces mort en terre d'un coup d'espée que luy donna Alexandre.

XXVIII. Or pendant que la gendarmerie combatoit en tel effort, le bataillon des gens de pied Macedoniens, passa la riviere, et commencerent les deux batailles à marcher l'une contre l'autre : mais celles des Perses ne sousteint point courageusement ny longuement, ains se tourna incontinent en fuitte, exceptez les Grecs qui estoient à la soude du roy de Perse, lesquelz se retirerent ensemble dessus une motte, et demanderent que lon les prist à mercy : mais Alexandre donnant le premier dedans, plus par cholere que de sain jugement, y perdit son cheval qui luy fut tué soubs luy d'un coup d'espée à travers les flancs. Ce n'estoit *Bucephal*, ains un autre : mais tous ceulx qui furent en celle journée tuez ou blecez des siens, le furent en cest endroit là : pource qu'il s'opiniastra à combatre obstineement contre hommes aguerriz et desesperez. Lon dit qu'en ceste premiere bataille il mourut du costé des barbares vingt mille hommes de pied, et deux mille cinq cents de cheval : du costé d'Alexandre, Aristobulus escrit qu'il y en eut de morts trente et quatre en tout, dont les douze estoient gens de pied, à tous lesquelz Alexandre voulut, pour honorer leur memoire, que lon dressast des images de bronze faittes de la main de Lysippus : et voulant faire part de ceste victoire aux Grecs, il envoya aux Atheniens particulierement trois cents boucliers de ceulx qui furent gaignez en la bataille, et generalement sur toutes les autres despouilles, et sur tout le butin feit mettre ceste très honorable inscription : « Alexandre filz de « Philippus, et les Grecs, exceptez les Lacedæmoniens, ont « conquis ce butin sur les Barbares habitans en Asie ». Quant à la vaisselle d'or ou d'argent, draps de pourpre, et autres telz meubles delicieux à la Persiene, il les envoya presque tous à sa mere, au moins bien peu s'en fallut.

XXIX. Ceste premiere rencontre apporta soudainement un si grand changement des affaires en faveur d'Alexandre, que la cité mesme de Sardis siege capital de l'empire des Barbares, au moins en toutes les provinces basses et voisines de la mer, se rendit incontinent à luy, et les autres aussi, exceptees celle de Halicarnasse et celle de Milet, qui luy resisterent : mais il les prit à force. Et ayant semblablement conquis tout ce qui estoit à l'entour, il se trouva puis après en doubte de ce qu'il avoit à faire au reste : car souvent il luy prenoit envie d'aller tout chauldement trouver Darius en quelque part qu'il fust, pour mettre tout au hazard d'une bataille, et souvent aussi luy sembloit plus expedient de s'exerciter premierement en la conqueste de ces païs bas, et se fortifier et equipper de l'argent et des richesses qu'il y trouveroit, pour puis après marcher en meilleur equippage contre luy.

XXX. Mais il y a au païs de la Lydie près la ville des Xanthiens une fontaine, laquelle se desborda lors d'elle mesme, et en regorgeant par dessus ses rives jetta hors du fond une petite lame de cuyvre, sur laquelle y avoit des characteres engravez de lettres ancienes, lesquelles disoient « que l'empire des Perses devoit estre ruiné par les Grecs » : ce qui luy ayant encore accreu le cueur d'avantage, il se hasta de nettoyer toute la coste de la mer jusques en la Cilicie et en la Phœnicie. Mais la facilité, avec laquelle il courut au long de la coste de Pamphilie, a donné occasion et

matiere à plusieurs historiens d'amplifier les choses à merveilles, jusques à dire que ce fut un exprès miracle de faveur
divine, que ceste plage de mer se soubmeit ainsi gracieusement à luy, veu qu'elle a autrement tousjours accoustumé
de tourmenter et travailler fort asprement ceste coste là,
tellement que bien peu souvent elle cache et couvre des
poinctes de roc, qui sont toutes de reng assez drues le long
du rivage, au dessoubs des haults rochers droits et couppez
de la montagne. Et semble que Menander mesme en une
siene comedie tesmoigne ceste miraculeuse felicité, quand il
dit en se jouant :

> Cecy me sent son grand heur d'Alexandre,
> Car si quelqu'un je cherche, il se vient rendre
> Incontinent devant moy de luy mesme :
> Si par la mer, qui maint homme fait blesme,
> Il me convient aucun lieu traverser,
> Je puis ainsi que sur terre y passer.

Toutefois Alexandre mesme en ses epistres, sans autrement
en faire si grand miracle, escrit simplement qu'il avoit passé
par mer le pas que lon appelloit vulgairement *l'eschelle*, et
que pour le passer, il s'estoit embarqué en la ville de Phase-
line, au moyen dequoy il y sejourna plusieurs jours, durans
lesquelz y ayans veu sur la place une image de Theodectes
(car il estoit Phaselitain) il y alla un soir après soupper
mener une danse, et jetta dessus force bouquets et chappeaux
de fleurs, honorant de bonne grace, en faisant semblant de se
jouer, la memoire du defunct, pour la conversation qu'il avoit
euë avec luy vivant, à cause d'Aristote et de l'estude de la
philosophie.

XXXI. Cela fait, il subjugua aussi les Pisidiens qui luy cuiderent resister, et conquit aussi toute la Phrygie, là où en la
ville de Gordius, que lon dit avoir esté anciennement le
sejour ordinaire du roy Midas, il veit le chariot duquel on
parle tant, lié d'une liaison d'escorce de cormier, et luy en
compta lon un propos, que les habitans du païs tenoient pour
prophetie veritable, « que celuy qui pourroit deslier ceste
« liaison, estoit predestiné pour estre un jour roy de toute la
« terre ». Si dit le commun que Alexandre ne pouvant deslier ceste liaison, pource que lon n'en voyoit point les bouts
tant ilz estoient entrelacez par plusieurs tours et retours les

uns dedans les autres, desguainna son espée et couppa le
nœud par la moitié, de sorte que lon veit alors plusieurs
bouts de la liaison : mais Aristobulus escrit qu'il le denoua
fort aiseement, ayant premierement osté la cheville qui tient
le joug attaché au timon, et en tirant après le joug dehors.

XXXII. Au partir de là il alla subjuguer les Paphlagoniens
et les Cappadociens, et entendit le trespas de Memnon, qui
estoit celuy de tous les capitaines de marine que Darius eust
à son service, que lon attendoit qui deust donner plus
d'affaire et plus d'empeschement à Alexandre : au moyen
dequoy estant asseuré de sa mort, cela le confirma de tant
plus en la résolution qu'il avoit prise de mener son armée ès
haultes provinces de l'Asie. Aussi luy venoit desja le roy
Darius au devant, ayant fait son amas à Suse, se confiant en
la grande multitude de ses combatans, dont il avoit mis six
cents mille en un camp, et aussi en un songe que ses devins
luy avoient exposé, plus à son gré pour luy complaire, qu'à
la verité. Car il luy fut advis une nuict en dormant qu'il
voyoit toute l'armée des Macedoniens en feu, et que
Alexandre le servoit estant vestu de la mesme robbe que luy
portoit lors qu'il estoit Asgande du feu roy, et qu'estant entré
dedans le temple de Belus, il estoit soudainement disparu et
evanouy. Par lequel songe il appert evidemment que les
dieux luy donnoient à entendre, que les faicts des Macedoniens seroient très renommez et très glorieux, et que
Alexandre conquerroit toute l'Asie, ne plus ne moins qu'avoit
fait Darius, qui de Asgande estoit devenu roy : mais que bien
tost il finiroit aussi sa vie en grande gloire.

XXXIII. Encore prit il plus de confiance, quand il veit
que Alexandre sejourna quelque temps en la Cilicie, cuidant
que ce fust pour crainte qu'il eust de luy : mais ce fut pour
une maladie, laquelle aucuns disent luy estre advenue de travail, les autres pour s'estre baigné en la riviere de Cydnus,
qui estoit froide comme glace : de quoy que ce fust, il n'y eut
pas un des autres medecins qui ozast entreprendre de le
secourir, estimans que le mal estoit incurable et plus puissant que tous les remedes que lon luy pourroit bailler, et
craignans que les Macedoniens ne s'en prissent à eulx, et ne
les calumniassent, s'ilz failloient à le guarir. Mais Philippus
Arcananien considerant qu'il se portoit très mal, et se con-

fiant en l'amitie que son maistre luy monstroit, pensa que ce
seroit trop laschement fait à luy, si le voyant en tel danger de
sa vie, il ne se hazardoit jusques à esprouver tous les der-
niers et plus extremes remedes de son art, à quelque peril
que ce fust de sa propre personne : au moyen dequoy il
entreprit de luy donner medecine, et luy persuada de la
prendre et boire hardiment, si bien tost il vouloit estre sain
et dispos pour aller à la guerre. Sur ces entrefaittes Parmenion luy escrivit une lettre du camp, par laquelle il l'advertis-
soit qu'il se donnast bien garde de ce Philippus, pource qu'il
avoit esté prattiqué et gaigné par Darius, soubs promesse de
grands biens, qu'il luy devoit donner avec sa fille en mariage, pour loyer de faire mourir son maistre.

XXXIV. Alexandre ayant leu ceste missive, la meit dessoubs son chevet, sans la monstrer à personne de ses plus
familiers : et quand l'heure de prendre la medecine fut venue,
Philippus entra dedans la chambre avec les autres privez
amis du roy, portant en sa main le gobelet où estoit la medecine. Alexandre adonc luy donna la lettre, et prit au
mesme instant le gobelet de la medecine franchement, sans
monstrer qu'il eust doubte ny soupeçon de rien. Si fut chose
esmerveillable, et qu'il faisoit fort bon veoir, que l'un d'un
costé lisant la lettre, et l'autre beuvant le breuvage en
mesme temps, et de considerer comme ils jetterent tous deux
ensemble les yeux l'un sur l'autre, mais non pas avec une
mesme chere, ains Alexandre avec un visage riant et ouvert,
tesmoignant la confiance qu'il avoit en son medecin Philippus, et l'amitié qu'il luy portoit : et l'autre avec contenance
d'homme qui se passionnoit et se tourmentoit pour ceste
faulse calumnie que lon luy avoit mise sus : car tantost il
tendoit les mains vers le ciel, appellant et invoquant les
dieux à tesmoings de son innocence, et tantost il s'approchoit
du lict et prioit Alexandre d'avoir bon courage et de faire
asseureement ce qu'il luy diroit. Car la medecine commenceant à estre maistresse chassa et enfondra, par maniere de
dire, jusques au fonds du corps la vigueur et force naturelle,
de maniere qu'il perdit la parole, et luy vint une grande
foiblesse et pasmoison telle, qu'il n'avoit presque plus de
pouls ny d'apparence de sentiment : toutefois cela passé, il
fut en peu de jours remis sus par Philippus. Et après s'estre

un petit renforcé, il se monstra aux Macedoniens : car jamais ilz ne voulurent avoir patience, quelque chose qu'on leur sceust dire ne promettre de sa convalescence, jusques à ce qu'ilz l'eurent veu.

XXXV. Or y avoit il au camp de Darius un banny de Macedoine nommé Amyntas, lequel cognoissoit bien le naturel d'Alexandre, et voyant Darius en voulunté de l'aller trouver jusques dedans les destroits et vallées des montagnes, le pria de l'attendre plus tost au lieu où il estoit en païs plat et ouvert de tous costez, attendu qu'il avoit à combatre avec grande multitude de combatans contre bien peu d'ennemis, et que c'estoit son avantage de le trouver en large campagne. Darius luy respondit, qu'il n'avoit que peur qu'il s'enfouist avant qu'il le peust attaindre ou rencontrer, et que par ce moyen il luy eschappast des mains. Amyntas luy repliqua, « Quant à cela, sire, je te prie n'en ayes point de « peur : car je t'asseure sur ma vie, qu'il te viendra trouver, « et que de ceste heure il s'y en vient tout droit ».

XXXVI. Toutefois les remonstrances de cestuy Amyntas ne peurent divertir Darius qu'il ne feist marcher son camps vers la Cilicie. Et au mesme temps Alexandre aussi dressa son chemin devers la Syrie pour l'aller rencontrer : mais il advint une nuict qu'ilz se faillirent l'un l'autre, et le jour venu retournerent tous deux en arriere, Alexandre estant bien joyeux de ceste adventure, et se hastant pour rencontrer son ennemy dedans les destroits, et Darius taschant à regaigner le logis, dont il estoit party, et tirer son armée hors des destroits, commenceant desja à s'appercevoir de la faulte qu'il avoit faitte, de s'estre jetté en lieux serrez d'un costé de la montagne, et de l'austre costé de la mer et de la riviere de Pindarus qui court par le milieu, de sorte qu'il falloit que son armée s'escartast et se divisast en plusieurs trouppes, et en païs rabboteux et malaisé pour gens de cheval, duquel au contraire l'assiette en estoit la plus propre du monde pour ses ennemis, qui estoient bonnes gens de pied et en petit nombre. Mais si la fortune donna à Alexandre le champ à propos pour combatre à son avantage, luy sceut encore mieulx ordonner sa bataille pour gaigner la victoire : car quoy qu'il fust en nombre de combatans beaucoup plus foible et moindre que son ennemy, si se sceut il bien donner

de garde qu'il ne peust estre environné, par ce qu'il avancea
la poincte droitte de sa bataille beaucoup plus que la gauche,
et se trouvant en celle poincte combatant ès premiers rengs,
il meit en roupte les Barbares qui se rencontrerent en teste
au devant de luy : mais il y fut blecé d'un coup d'espée qu'il
receut en la cuisse. Charès escrit que ce fut Darius mesme
qui le luy donna, et qu'ilz se rencontrerent jusques à combatre teste à teste l'un contre l'autre à coups de main.
Toutefois Alexandre luy mesme escrivant de ceste bataille
à Antipater, dit bien qu'il y fut blecé en la cuisse d'un coup
d'espée, et qu'il n'en estoit point eusuivy autrement d'inconvenient, mais il ne met point qui fut celuy qui le
blecea.

XXXVII. Ayant donques gaigné une très glorieuse victoire,
comme celle où il estoit mort plus de cent et dix mille de ses
ennemis, il ne peut neantmoins prendre Darius, pource qu'il
gaigna le devant à fouir d'environ un quart de lieuë seulement : mais bien prit il le chariot de bataille, sur lequel il
combatoit, et son arc aussi, puis s'en retourna de la chasse,
et trouva les Macedoniens qui pilloient et saccageoient tout
le reste du camp des Barbares, où il y avoit une richesse
infinie (combien qu'ilz eussent laissé la plus part de leur
bagage en la ville de Damas, pour venir plus delivres à la
bataille) mais ilz luy avoient réservé pour sa personne le logis
du roy Darius, qui estoit plein d'un grand nombre d'officiers,
de riches meubles, et de grande quantité d'or et d'argent.
Parquoy si tost qu'il fut arrivé, après avoir osté ses armes,
il entra dedans le baing en disant, « Allons nous en laver et
« nettoyer la sueur de la bataille dedans le baing de Darius
« mesme ». Et là un de ses mignons luy répliqua, « Mais
« bien d'Alexandre : car les biens des vaincus appartiennent
« de droit aux vaincueurs, et doivent estre nommez d'eulx ».
Et quand il veit, entrant dedans l'estuve, les bassins, les
bagnoueres, les buyes, les phioles et bouettes aux parfums
toutes d'or fin, ouvré et labouré exquisement, toute la
chambre parfumée d'une odeur si souëfve qu'elle sembloit un
paradis : puis au partir du baing qu'il entra dedans sa tente,
la voyant si haulte, si spacieuse, le lict, la table et l'apprest
du soupper, le tout si bien et si magnifiquement en poinct,
que c'estoit chose digne d'admiration, il se tourna devers ses

familiers, et leur dit : « C'estoit estre roy cecy, à vostre advis,
« n'estoit pas » ?

XXXVIII. Mais ainsi comme il se vouloit mettre à table
pour soupper, on luy vint dire que lon luy amenoit la
mere et la femme de Darius prisonnieres entre les autres
dames, et deux de ses filles non encore mariées, lesquelles
ayans veu son chariot et son arc, s'estoient prises à crier et
à se batre desespereement, pensans qu'il fust mort : Alexandre
demoura assez long temps sans rien respondre à cela, sentant
plus de pitié de leur mauvaise fortune, que de joye de la
siene bonne : puis envoya à l'heure mesme Leonatus devers
elles, pour leur faire entendre que Darius n'estoit point mort ;
et qu'il ne falloit point qu'elles eussent peur d'Alexandre
pource qu'il ne faisoit la guerre à Darius que pour regner
seulement : et qu'au regard d'elles, elles auroient de luy tout
ce qu'elles avoient de Darius, pendant qu'il estoit régnant, et
avoit son empire en son entier. Si ce propos sembla doulx à
ces dames prisonnieres, les effects suivirent après, qu'elles
trouverent de non moindre humanité : car premierement il
leur permeit d'inhumer tous ceulx qu'elles voulurent des
seigneurs Persiens morts en la bataille, et de prendre au
pillage tous les draps, joyaux et ornemens qu'elles voudroient
pour honorer leurs funerailles, et si ne leur diminua chose
quelconque de tout l'honneur, ny du nombre des officiers et
serviteurs, ny de tout l'estat qu'elles avoient au paravant,
ains leur feit payer encore plus grandes pensions qu'elles ne
souloient avoir : mais la plus honorable, la plus belle et la
plus loyale grace qu'il feit à ces princesses prisonnieres, qui
avoient tousjours vescu en grande honesteté et grande pudi-
cité, fut qu'elles n'ouyrent ny n'entendirent onques chose qui
leur deust donner crainte, ou seulement souspeçon de rien qui
fut au prejudice de leur honneur : ains eurent leur privé
secret, sans que personne hantast parmy elles ny les veist,
non comme en un camp d'ennemis, ains tout ne plus ne
moins que si elles eussent esté en quelque sainct monastere
de religieuses estroitement reformées et gardées : combien
que la femme de Darius, à ce que lon escrit, fust une très
belle princesse, comme Darius aussi estoit un très beau et
grand prince, et que les filles ressemblassent à leurs pere et
mere.

XXXIX. Mais Alexandre estimant, à mon advis, estre chose plus royale, se vaincre soy mesme, que surmonter ses ennemis, ne les toucha ny elles, ny austres fille ou femme, avant que les espouser, excepté Barsene, laquelle estant demourée veufve par le trespas de Memnon, fut prise auprès de Damas. Elle estoit sçavante ès lettres grecques, doulce et de bonne grace, fille d'Artabazus qui estoit né d'une fille de roy. Alexandre la cogneut à la suscitation de Parmenion, ainsi que l'escrit Aristobulus, qui le sollicita de prendre son plaisir d'une si belle et si noble dame. Mais au demourant en regardant les autres dames Persienes qui estoient prisonnieres, belles et grandes à merveilles, il disoit en se jouant, « que les dames « de Perse faisoient mal aux yeux à qui les contemploit » : mais montrant à l'opposite de leurs belles faces la beaulté de sa continence et chasteté, il passoit par devant sans s'y affectionner, non plus que si c'eussent esté des images de pierre sans âme. Auquel propos Philoxenus, qu'il avoit laissé son lieutenant ès provinces basses et maritimes, luy escrivit une fois qu'un Theodorus marchand Tarentin avoit deux jeunes enfans à vendre de beaulté singuliere, et qu'il luy mandast, s'il luy plaisoit qu'il les luy acheptast. Il fut si marry de cela, qu'il se prit à crier tout hault par plusieurs fois. « Mes « amis, quelle villannie a jamais apperceuë Philoxenus en « moy, pour laquelle il ait deu s'estudier pendant qu'il ne « fait rien là, à me procurer de telz reproches »? Et luy feit rescrire sur le champ avec force injures, qu'il renvoya ce marchand Tarentin à la mal'heure, et sa marchandise quant et luy. Aussi reprit il bien aigrement un jeune homme nommé Agnon, qui luy avoit escrit qu'il vouloit achepter un jeune garson, que l'on appelloit Crobylus, qui avoit le bruit dedans la ville de Corinthe à raison de sa beaulté, en intention de le luy mener. Et une autre fois ayant esté adverty, que Damon et Timotheus Macedoniens estans soubs la charge de Parmenion, avoient violé les femmes de quelques soudards estrangers qui estoient à sa soulde, il escrivit à Parmenion qu'il en eust à faire information, et que s'il trouvoit qu'ils les eussent de faict violées, qu'il les feist mourir tous deux comme bestes sauvages nées à la ruine des hommes. Et escrit en celle lettre de soy mesme ces paroles : « Quant à moy, tant s'en « fault que j'aye veu ny pensé de veoir la femme de Darius,

« que je ne veux pas seulement souffrir que lon tienne
« propos de sa beaulté devant moy ». Il avoit accoutumé de
dire, qu'il se recognoissoit mortel principalement à deux
choses, à dormir et à engendrer : comme ayant opinion que·
le travail et le plaisir de la volupté que lon prend avec les
femmes procedent d'une mesme imbecillité et foiblesse de
nature.

XL. Aussi estoit il fort sobre de sa bouche quant au manger,
comme il monstra par plusieurs autres preuves, et mesmement
par ce qu'il dit à la princesse Ada, laquelle il advoua pour
sa mere, et la feit royne de la Carie : car comme elle, pensant
luy faire plaisir, lui envoyast tous les jours force viandes
exquises, et force ouvrages de four, et confitures, et oultre
tout cela encore, des cuisiniers et des pasticiers, qu'elle tenoit
pour excellents en leur mestier : il luy manda, « Qu'il n'en
« avoit que faire, pour ce que son gouverneur Leonidas luy
« en avoit baillé de meilleurs, c'est à sçavoir, pour le disner
« se lever avant jour et marcher la nuict, et pour le soupper,
« le peu manger au disner : et ce mesme gouverneur, disoit-il,
« alloit souvent ouvrir et visiter les coffres où l'on estuyoit
« les matterats de mon lict et mes habillemens, pour veoir si
« ma mere y auroit rien fourré de friandise et de surper-
« fluité ». Et si estoit moins subject au vin qu'il ne sembloit :
mais ce qui le faisoit estimer tel, estoit le long temps qu'il
demouroit à table, plus à deviser qu'à boire : car à chasque
fois qu'il beuvoit il mettoit tousjours en avant quelque long
propos, encore estoit ce quand il se trouvoit de grand loisir :
car en temps d'affaires, il n'y avoit, ny festin, ny banquet,
ny jeux, ny nopces, ny autre passetemps qui l'arrestast, comme
ont fait plusieurs autres. Ce que lon peut facilement cognoistre
par la briefveté de sa vie, et par la grandeur et multitude
des haults faicts qu'il feit en si peu de temps qu'il vescut.

XLI. Quand il estoit de loisir, le matin, après estre levé,
la premiere chose qu'il faisoit il sacrifioit aux dieux, et puis
se mettoit incontinent à table pour disner : et au reste passoit
tout le long du jour son temps ou à chasser, ou à composer
quelque chose, ou à pacifier quelque querelle entre les gens
de guerre, ou à lire. Et s'il marchoit par les champs, qu'il ne
fust point trop pressé d'aller, il s'exercitoit en allant par païs
à tirer de l'arc, ou à monter sur un chariot, ou à en descendre,

ainsi comme il couroit. Bien souvent, par maniere de jeu, il chassoit aux regnards, ou s'esbatoit à prendre des oyseaux, ainsi comme lon peult veoir par les memoires de ses papiers journaux : puis, quand il estoit arrivé au logis, il entroit au baing, là où il se faisoit frotter et huiler. Cela fait, il demandoit aux panetiers et escuyers trenchans si tout estoit prest en cuisine, et commenceoit à soupper bien tard, de maniere qu'il estoit tousjours nuict avant qu'il se meist à table, là où il prenoit merveilleusement grand soing, et avoit diligemment l'œil, à ce que rien n'y fust distribué inegalement, ne plus à l'un qu'à l'autre de ceulx qui mangeoient quant et luy, et tenoit longuement table, pource qu'il aimoit à parler et à deviser, comme nous avons dit.

XLII. Si estoit bien sa compagnie et sa conversation ou au demourant la plus aggreable et la plus plaisante, que de roy ne prince qui fut onques : car il n'avoit faulte de grace quelconque, excepté que lors il estoit un peu fascheux pour ses vanteries, et tenoit en cela trop du soudard vanteur, qu'il aimoit à racompter ses vaillances : car oultre ce que de luy mesme il se laissait facilement aller à ceste vanité de braverie, encore se souffroit il mener par le nez, en maniere de parler, aux flatteurs. Ce qui estoit bien souvent cause de la ruine des gens de bien qui se trouvoient autour de luy, lesquelz ne vouloient ny le louer en sa presence à l'envy des flatteurs, n'y n'ozoient aussi dire moins qu'eulx des mesmes louanges qu'ilz luy donnoient, pource qu'en luy y avoit de la honte, et en l'autre du danger.

XLIII. Après soupper s'estant de rechef lavé il s'endormoit bien souvent jusques à midy, et quelquefois tout le long du jour ensuivant. Quant à luy il n'estoit aucunement curieux de viandes exquises, de sorte que quand on luy envoyoit des païs voisins de la mer quelques fruits singuliers, ou des plus rares poissons, il les envoyoit çà et là à ses amis, sans en retenir bien souvent rien pour soy : toutefois sa table estoit tousjours magnifiquement servie, et en augmenta tousjours la despense ordinaire à mesure que ses prosperitez et conquestes allerent en avant, jusques à ce qu'elle monta à la somme de mille escus par jour. Aussi s'arresta elle là, et fut prefix ce but de despense à ceulx qui le vouloient festoyer, qu'ilz ne peussent despendre davantage.

XLIV. Mais après ceste bataille de Issus, il envoya en la ville de Damas saisir l'or et l'argent, le bagage, les femmes et les enfans des Perses qu'ilz y avoient laissez, là où les hommes d'armes Thessaliens feirent très bien leurs besongnes : car aussi les y avoit il expressement envoyez à ceste intention, pource qu'il les avoit veus faire très bien leur devoir au jour de la bataille, toutefois le reste de son armée en fut aussi tout remply de richesse : et lors premier les Macedoniens ayans gousté l'or et l'argent, les delices, les femmes et la maniere de vivre des Perses, ne plus ne moins que les chiens qui ont une fois esté à la curée, depuis qu'ilz treuvent la trace de la beste, ne demandoient plus que à aller après, et à poursuivre ceste opulence Persiene.

XLV. Ce neantmoins Alexandre fut d'advis que premierement il valoit mieulx s'asseurer de provinces basses et maritimes. Si vindrent incontinent devers luy les roys, qui luy meirent entre ses mains, le royaume de Cypre, et toute la Phœnicie, excepté la ville de Tyr, devant laquelle il alla mettre le siege, où il demoura sept mois, l'assaillant avec de grandes chaussées qu'il feit jetter en mer, et avec force engins de baterie, et par mer avec deux cents galeres. Durant ce siege, il luy fut une nuict advis que Hercules luy tendoit la main de dessus les murailles de la ville, et l'appelloit par son nom, et y eut aussi plusieurs Tyriens qui songerent en dormant, qu'Apollo leur disoit qu'il s'en vouloit aller devers Alexandre, pour autant que ce que lon faisoit dedans la ville, ne luy plaisoit point : à l'occasion dequoy ilz lierent et attacherent son image qui estoit de grandeur excessive, avec force chaines, et la clouerent avec de gros et grands clous à sa base, ne plus ne moins que si c'eust esté quelque traistre qui s'en fust voulu aller rendre aux ennemis, en le nommant *Alexandriste*, c'est à dire, partial favorisant à Alexandre. Encore eut là Alexandre une autre vision en dormant : car il luy fut advis qu'il veoit de loing un satyre qui se jouoit de loing à luy, mais quand il s'en cuidoit approcher pour le prendre, il s'eschappoit toujours de luy, jusques à ce que finablement après l'avoir bien prié et bien couru autour de luy, il luy tumba entre les mains. Les devins enquis sur ce songe, respondirent avec fort vray-semblable apparence, qu'il ne falloit que diviser en deux ce mot *Satyros*, en disant, *sa Tyros*, qui signifieroit, la ville de Tyr sera tienne : et monstre lon encore la fontaine, auprès de laquelle il luy fut advis qu'il veit le satyre.

XLVI. Durant ce siege, il alla faire la guerre aux Arabes habitans le long du mont qui s'appelle *Antiliban*, là où il fut en grand danger de sa personne, pour avoir attendu son precepteur Lysimachus qui l'avoit suivy, disant qu'il n'estoit point pire ne plus vieil que Phœnix : car quand ilz furent au pied de la montagne, ilz laisserent leurs chevaux et commencerent à marcher contremont à pied : mais luy ayant le cueur si gentil, qu'il ne vouloit point laisser derriere son maistre d'eschole, qui estoit si las que plus n'en pouvoit, mesmement pource que le soir estant ja venu, et que les ennemis n'estoient pas gueres loing d'eulx, il demoura à la cueuë, s'arrestant à luy donner courage de cheminer, et à le porter presque à demy, de maniere qu'il ne se donna garde, qu'il se trouva esloigné de son armée avec bien petite trouppe de ses gens, et surpris de la nuict et d'un très aspre froid, en un fort mauvais et rude païs, là où il apperceut de loing force feuz que les ennemis avoient allumez, les uns çà, les autres là, et se confiant en la disposition de sa personne, joint qu'il avoit tousjours accoustumé de remédier aux difficultez et necessitez, où se trouvoient les Macedoniens, par son propre travail, en mettant luy mesme la main à la besongne, il s'en courut vers ceulx qui avoient allumé ces plus prochains feuz, et occis de son espée deux des Barbares qui estoient couchez au long du feu, y ravit un tizon, et s'en recourut atout vers ses gens qui en allumerent un grand feu, dont aucuns des Barbares s'effroyerent tellement, qu'ilz s'en meirent en fuitte, et les autres qui le cuiderent venir charger, furent par luy desfaits. Ainsi se logea il pour celle nuict luy et ses gens hors de danger. Charès l'a ainsi escrit.

XLVII. Au reste le siege de Tyr eut à la fin telle issue : Alexandre faisoit reposer la plus grande partie de son armée, estant lasse et travaillée de tant de combats qu'elle avoit supportez, et envoyoit peu de gens à l'assault pour engarder seulement les Tyriens de pouvoir reposer : et un jour le devin Aristander ayant sacrifié aux Dieux, et considerant les signes des entrailles, affirma fort asseureement aux assistans que la ville seroit prise dedans la fin du mois, dont tout le monde se prit à rire, en se mocquant de luy, pource que c'estoit le dernier jour. A raison de quoy Alexandre le voyant demouré tout court, comme celuy qui ne sçavoit qu'il devoit dire, et s'efforçant de faire toujours ressortir à effect les predictions des devins, ordonna que l'on ne comptast point ce jour là pour le trentieme, ains pour le vingtseptieme, et sur l'heure mesme feit sonner les trompettes et donner un assault à la muraille plus roide qu'il n'avoit proposé du commencement. Si en fut le combat fort aspre, pource que ceulx mesmes qui estoient demourez dedans le camp, ne se peurent tenir qu'ilz n'y courussent au secours de ceulx qui avoient esté deputez pour assaillir : tellement que les Tyriens se voyans ainsi furieusement assaillir de tous costez, perdirent le cueur, et par ce moyen fut la ville prise ce mesme jour.

XLVIII. Depuis ainsi comme il estoit devant Gaza ville principale, et la plus grande de la Syrie, il luy tumba dessus l'espaule une motte de terre, que luy laissa cheoir un oyseau, volant en l'air : l'oyseau s'en alla poser sur un des engins de baterie, dont il batoit la ville, et se trouva pris et empestré dedans des retz faits de nerfs, dont on se servoit pour tourner à couvert les cordes des engins. Aristander predit que cela signifioit qu'il seroit blecé à l'espaule, mais aussi qu'il prendroit la ville : et en advint tout ne plus ne moins. Et comme il envoyast à sa mere Olympias, à Cleopatra et à ses autres amis force presens du butin qui fut gaigné au sac de celle ville, il envoya entre autres choses cinq cents quintaux d'encens à son gouverneur Leonidas, et cent de myrrhe, se souvenant d'une esperance qu'il luy avoit autrefois donnée, lorsqu'il estoit encore enfant, car ainsi qu'il sacrifioit un jour aux dieux, il prit de l'encens à deux mains pour mettre dedans le feu à faire du parfum : ce que voyant Leonidas, luy dit, « Quand tu auras conquis la region ou croissent les « drogues odorantes et les espiceries, tu feras ainsi des « parfums largement : mais pour cest heure contente toy » d'user plus estroittement de ce que tu as de present ». Alexandre se souvenant lors de son advertissement, luy escrivist en ceste maniere : « Nous t'envoyons de l'encens « et de la myrrhe en abondance, à fin que desormais tu ne « sois plus chiche envers les dieux. »

XLIX. Il luy fut aussi apporté un petit coffret, qui fut estimé le plus riche et le plus precieux meuble qui eust esté gaigné en la desfaite de Darius : et il demanda à ses privez qui estoient autour de luy, quelle chose leur sembloit plus digne d'estre mise dedans : les uns luy dirent d'un, les autres d'autre : mais luy dit, qu'il y mettroit l'*Iliade d'Homere* pour la dignement garder. Cela tesmoignent et escrivent tous les historiens qui sont les plus dignes de foy. Et si ce que ceulx d'Alexandrie racomptent sur la foy et au rapport de Heraclides, est veritable, il semble bien que Homere ne luy fut pas inutile en ce voyage : car ilz disent, que quand il eut conquis l'Ægypte, il y voulut bastir une grande cité, la peupler d'un très grand nombre d'habitans tous Grecs, et la nommer de son nom : et estoit desja tout prest à trasser et enclorre un certain lieu, qui luy avoit esté choisi par le conseil des ingenieurs et maistres ouvriers, mais la nuict de devant il eut une vision merveilleuse : car il luy fut advis qu'il se vint presenter devant luy un personnage ayant les cheveux tous blancs de vieillesse, avec une face et une presence venerable, lequel s'approchant de luy prononcea ces vers :

> Une isle y a dedans la mer profonde
> Tout vis à vis de l'Egypte féconde,
> Qui par son nom Pharos est appelée.

L. Il ne fust pas plus tost levé le matin qu'il s'en alla veoir cest isle de Pharos, laquelle estoit pour lors un peu au-dessus de la bouche du Nil, que lon appelle *Canobique*, mais maintenant est joincte à la terre ferme par une levée que lon y a faitte à la main, et luy sembla que c'estoit l'assiette du monde la plus propre, pource qu'il avoit en pensée de faire : car c'est comme une langue ou une encoleure de terre assez raisonnablement large, qui separe un grand lac d'un costé, et la mer de l'autre, laquelle se va là aboutissant en un grand port : si dit alors « que Homere estoit admirable en toutes « choses, mais qu'entre autres il estoit très savant architecte », et commanda que promptement on luy trassast et designast la forme de la ville selon l'assiette du lieu. Or ne trouverent ilz point là sur l'heure de croye ou de terre blanche pour marquer, à raison dequoy ilz prirent de la farine, dont ilz trasserent dessus la terre qui estoit noire, une grande enceinte

courbée en figure circulaire, le rond de laquelle se terminoit
par le dedans en deux bases droittes de grandeur egale, qui
venoient à clorre toute la grandeur de ce pourpris en forme
de manteau macedonique. Alexandre en trouva le portraict
beau et y prit grand plaisir : mais soudainement une multitude infinie de grands oyseaux de toutes especes se leva du
lac et de la riviere, en si grand nombre qu'ilz obscurcissoient
l'air, comme eust fait une grosse nuée, et venans à se poser
en ce pourpris là, mangerent toute la farine sans qu'il y en
demourast chose quelconque.

LI. Alexandre se troubla de ce presage : mais les devins
luy dirent qu'il ne falloit point qu'il s'en faschast, pource
que c'estoit signe qu'il bastiroit là une ville si plantureuse de
tous biens, qu'elle suffiroit à nourrir toutes sortes de gens :
parquoy il commanda adonc à ceulx à qui il en avoit baillé
la charge, qu'ilz se meissent après, et luy ce pendant prit son
chemin pour aller au temple de Jupiter Hammon. Le chemin
estoit long, et y avoit beaucoup de travaux et beaucoup de
difficultez, mais deux dangers principaux entre tous les autres :
l'un estoit faulte d'eau, pour laquelle il y a plusieurs journées
de païs desert et inhabitable : l'autre estoit, que le vent du
midy ne se levast impetueux pendant qu'ilz seroient par le
chemin, et qu'il ne donnast dedans les sables, qui sont
d'estendue et de profondeur infinie, comme lon dit qu'anciennement il esmeut une telle tourmente en ces plaines là, et y
enleva de telz monceaux de sablons, que cinquante mille hommes
de l'armée de Cambyses y demourerent morts dessoubz. Il
n'y avoit personne en sa suitte qui ne discourust et ne
preveist bien ces dangers ; mais il estoit mal aisé de divertir
Alexandre de chose quelconque qu'il eust envie de faire,
pource que la fortune luy cedant en toutes ses entreprises,
le rendoit entier et ferme en ses opinions, et la grandeur de
son courage faisoit qu'il s'obstinoit invinciblement en toutes
choses, quand il les avoit une fois entreprises, jusques à
vouloir forcer non seulement les ennemis, mais aussi le temps
et les lieux. Au demourant les secours et remedes que Dieu
luy envoya contre les difficultez et dangers de ce voyage là,
ont esté trouvez plus croyables, que les responses que lon dit
qu'il luy donna depuis, ains qui plus est, ont fait que lon a
aucunement adjouxté foy aux oracles que lon escrit, qui luy

furent respondus. Car premierement les grandes eaux qui
tumberent du ciel, et les pluies continuelles, les garentirent
du danger de la soif, en destrempant la secheresse du sable,
qui en devint moitte et serré en soy-mesme, de maniere que
l'air mesme en fut plus doulx, plus frais et plus net : d'avan‧
tage comme les bornes et marques, ausquelles les guides
recognoissoient le chemin, fussent confuses, de sorte qu'ilz
erroient çà et là sans sçavoir plus où ilz alloient, il leur
apparut des corbeaux, qui les guiderent en volant devant
eulx, se hastans de voler quand ilz les voyoient suivre, et
les attendans quand ilz demouroient derriere : et, qui est
encore plus admirable, Callisthenes escrit, que la nuict avec
leurs chants, ilz rappelloient ceux qui s'estoient esgarez, et
crioient si fort qu'ilz les remettoient en la trace du chemin.

LII. A la fin, ayant traversé le desert, il arriva au temple
qu'il cherchoit : là où d'arrivée le grand presbtre le salua
de la part du dieu, comme de son pere : et Alexandre luy
demanda s'il luy estoit point eschappé quelqu'un de ceulx
qui avoient occis son pere. Le presbtre luy respondit « qu'il
« se gardast de blasphemer, pource que son pere n'estoit
« point mortel » : parquoy reprenant son propos, il luy
demanda si les meurtriers qui avoient conspiré la mort de
Philippus avoient tous esté puniz : et puis l'interrogea aussi
touchant son empire, s'il luy feroit la grace d'estre monarque
de tout le monde : le dieu luy respondit par la bouche de
son prophete, que ouy, et que la mort de Phillipus estoit
entierement vengée : et adonc il feit de magnifiques offrandes
au dieu, et donna de l'argent largement aux presbtres et
ministres du temple. Voilà ce qu'escrivent la plus part des
autheurs touchans ce qu'il demanda, et qui lui fut respondu
par l'oracle : il est vray que Alexandre mesme en une siene
missive qu'il escrit à sa mere, dit qu'il avoit eu quelques
secrettes responses de l'oracle, lesquelles il luy communiqueroit
à elle seule quand il seroit de retour en Macedoine. Les
autres disent que le presbtre le voulant saluer en langage
Grec avec plus amiable expression, luy voulut dire : *O Paidion,*
qui vault autant à dire que, cher filz : mais que la langue luy
fourcha un peu, à cause que ce n'estoit pas son langage
naturel, et qu'il meit une *s*, au lieu d'une *n*, à la fin, en
disant, *ó pai Dios,* qui signifie, ô fils de Jupiter : et que

Alexandre fut bien aise de cest erreur de langue, dont il courut un bruit parmy ses gens, que Jupiter l'avoit appelé son filz.

LIII. On dit aussi qu'il voulut ouyr le philosophe Psammon en Ægypte, et qu'il trouva fort bon un propos qu'il luy teint, en luy discourant, que dieu estoit roy des hommes, « Pource, disoit-il, que ce qui regne, et qui domine en toutes « choses, est toujours divin » : mais luy mesme en discourut avec meilleure raison et plus philosophiquement, quand il dit, « Que dieu estoit bien pere commun de tous les hommes, « mais que particulierement il retenoit pour soy, et advouoit « siens, ceulx qui estoient les plus gens de bien. » Brief envers les Barbares il se monstroit plus arrogant, et faisoit semblant de croire fermement qu'il eust esté engendré par ce dieu là, mais envers les Grecs il parloit de celle geniture divine plus sobrement et plus modestement : toutefois en une lettre qu'il escrivit aux Atheniens touchant la ville de Samos, il dit : « Je ne vous ay pas donné ceste noble et franche cité « là : car vous la tenez en don de celui que lon appelloit « alors *mon seigneur et mon pere* » : entendant le roi Philippus. Mais depuis ayant esté blecé d'un coup de traict, et en sentant griefve douleur, il se retourna vers ses amis, et leur dit : « Cela qui coule de ma playe est vray sang, et non point « comme dit Homere,

> Une liqueur de rien semblable à celle
> Qui flue aux Dieux de nature immortelle.

Et un jour qu'il faisoit un si violent orage de tonnerre, que tout le monde en estoit effroyé, Anaxarchus le rhetoricien se trouvant lors auprès de luy, luy dit : « Et toy, filz de Jupiter, « en ferois-tu bien autant » ? Alexandre en riant luy respondit : « Je ne veux pas estre espouvantable à mes amis, comme tu « veux que je le sois, quand tu mesprises le service de ma « table y voyant mettre des poissons dessus, et disant que « lon y deust voir des testes de princes et de satrapes ». Car on dit, à la verité, qu'un jour comme Alexandre envoyast quelques petits poissons à Hephæstion, cestuy Anaxarchus se laissa eschapper de la bouche ceste parole là, en cuidant se mocquer, et monstrer que c'est peu de chose, que de ceulx qui vont prochassans les grands estats et haults lieux d'authorité par dessus les autres, avec tant de travaux et tant de perilz, comme n'ayans rien du tout, ou bien peu plus que les autres, ès plaisirs et delices de ce monde. Quand donques il n'y auroit autre preuve ny autres raisons, que celles que nous avons recitées, encore pourroit on bien juger par icelles, que Alexandre ne s'abusoit point en soy mesme, ny ne s'enorguellissoit point de ceste presumptueuse opinion, de cuider qu'il fust engendré d'un dieu, ains qu'il s'en servoit pour tenir les autres hommes soubs le joug d'obeïssance, par l'opinion qu'il leur imprimoit de ceste divinité.

LIV. Au partir d'Ægypte il s'en retourna en la Phœnicie, là où il feit des sacrifices, des festes et processions en l'honneur des dieux, et aussi des danses, des jeux de tragœdies et autres telz passetemps, qui estoient fort beaux à veoir, non seulement pour la magnifience de l'appareil, mais aussi pour l'affection et la diligence des entremetteurs, qui s'efforceoient de faire mieulx à l'envy les uns des autres : car c'estoient les princes de Cypre qui estoient les entrepreneurs, et qui fournissoient tout ce qu'il falloit aux joueurs, ne plus ne moins qu'à Athenes on tire au sort un bourgeois de chaque lignée du peuple, à qui il eschet de faire les fraiz de telz jeux.

Et contendoient ces seigneurs d'une merveilleuse affection à qui feroit le mieulx, mesmement Nicocréon qui estoit roy de Salamine en Cypre, et Pasicrates seigneur de la ville de Soles : car il estoit escheut à ces deux princes de fournir aux deux plus excellents joueurs, Pasicrates à Athenodorus, et Nicocréon à Thessalus, auquel Alexandre favorisoit fort, sans toutefois declarer sa faveur, si non après que Athenodorus par sentence des juges à ce commis eust esté déclaré le vaincueur : car alors en s'en retournant des jeux, il dit qu'il approuvoit et confirmoit le jugement des juges, mais qu'il eust vouluntiers quitté une partie de son royaume, pour ne veoir point Thessalus vaincu. Et comme ceulx d'Athenes eussent condemné Athenodorus à l'amende, pour autant qu'il avoit failly de soy trouver à Athenes aux jours des bacchanales, ès quelz se jouoient les comœdies et tragœdies, il pria Alexandre de vouloir escrire pour luy, à ce que l'amende luy fust remise : mais il ne le voulut pas faire, ains envoya l'amende, qu'il paya luy mesme de son argent. Un autre bon joueur nommé Lycon, natif de la ville de Scarphie, ayant un jour excellemment joué, entrelaça dextrement en son rolle quelque ver, par lequel il luy demandoit en don dix talents : Alexandre s'en prit à rire, et les luy donna.

LV. En ces entrefaittes Darius luy escrivit et à quelques uns de ses amis aussi, pour le prier qu'il se contentast de prendre de luy dix mille talents, pour la rençon des personnes prisonnieres qu'il tenoit entre ses mains, avec tous les païs, terres et seigneuries qui sont deçà la riviere d'Euphrates, et l'une de ses filles en mariage pour desormais estre son allié et son amy. Il communiqua cest affaire à ses amis, entre lesquelz Parmenion luy dit, « J'accepteroie cela quant à moy, si j'estoie « Alexandre. » « Aussi feroie-je moy certainement, respondit « Alexandre, si j'estoie Parmenion ». Mais en fin il rescrivit à Darius, que s'il se vouloit venir rendre à luy, il seroit très humainement traitté par luy, sinon qu'il se mettroit dès le premier jour en chemin pour l'aller trouver : toutefois il s'en repentit bien tost après, pource que la femme de Darius mourut en travail d'enfant, dont il monstra evidemment qu'il estoit fort desplaisant, pource qu'il avoit perdu un grand moyen de faire cognoistre sa clemence et son humanité : mais au moins en inhuma il le corps très magnifiquement, sans y rien espargner.

LVI. Or y avoit il entre les eunuques valets de chambre de la royne un nommé Tireus, qui avoit esté pris quant et les femmes : il se desrobba du camp d'Alexandre, et montant dessus un cheval, s'en courut devers Darius luy porter la nouvelle de la mort de sa femme. Darius adonc se prit à lamenter à haults cris et à frapper et bastre sa teste, les larmes aux yeux, et dit en souspirant amerement, « O dieux! « à quelle malheureuse fortune sont reduits les affaires de « Perse, puis que la femme et la sœur du roy a esté nonseu- « lement faitte prisonniere de son vivant, mais encore à sa « mort n'a pas à tout le moins peu avoir l'honneur de sepul- « ture royale »! A cela respondit aussi tost l'eunuque, «Quant « à la sepulture, sire, et à tout l'honneur et le devoir que l'on « pourroit desirer, tu ne sçaurois accuser la mauvaise for- « tune de la Perse. Car à la royne Statira, tant comme elle a « vescu captive, ny à ta mere, ny à tes filles, il n'a defailly « chose quelconque des biens ny des honneurs qu'elles sou- « loient avoir au paravant, sinon de veoir la lumiere de ta

« gloire, laquelle le seigneur Orosmades restituera encore en
« son entier, s'il luy plaist, ny à sa mort n'a esté non plus
« destituée d'aucuns ornements de funerailles, qu'elle eust
« ailleurs peu avoir, ains a esté honorée des larmes mesmes
« de tes ennemis : car Alexandre est aussi doulx et humain
« en sa victoire, comme il est aspre et vaillant en la bataille ».
Darius entendant ces paroles de l'eunuque, et ayant le sens
un peu troublé de douleur, entra incontinent en mauvais
souspeçons : et retirant l'eunuque à part au plus secret
endroit de sa tente, luy dit, « Si tu n'es, aussi bien que la
« fortune des Perses, devenu Macedonien d'affection, ains
« recognois encore en ton cueur Darius pour ton maistre, je
« te prie et conjure par la reverence que tu doibs à ceste
« grande lumiere du soleil, et à la dextre royale, que tu me
« dies la verité. Ne sont-ce point les moindres maulx de
« Statira ceulx que je lamente, sa captivité et sa mort ? Et
« avons nous point encore souffert pis de son vivant, de sorte
« que nous eussions esté moins indignement et honteusement
« malheureux, si nous fussions tumbez entre les mains d'un
« ennemy cruel et inhumain ? Car, quelle honeste communi-
« cation peult avoir eu un jeune prince victorieux avec la
« femme prisonniere de son ennemy, pour laquelle il luy ait
« voulu tant faire d'honneur » ? Ainsi que Darius parloit
encore, l'eunuque Tireus se jetta à ses pieds, et le pria de ne
dire point telles paroles, et ne faire point ce tort à la vertu
d'Alexandre, ny ce deshonneur à sa sœur et femme trespassée,
en se privant soy mesme du plus grand reconfort, et de la
plus doulce consolation qu'il pourroit desirer en son adversité, c'est d'avoir esté vaincu par un ennemy qui a des per-
fections plus grandes que ne porte la nature humaine, ains
plus tost d'avoir en admiration l'excellente vertu d'Alexandre,
lequel s'estoit monstré encore plus chaste envers les dames,
que vaillant encontre les hommes de Perse : et en disant cela
l'eunuque le luy asseura et confirma par des sermens et des
execrations horribles, en luy comptant au long et par le menu
l'honesteté, continence et magnanimité de Alexandre. Adonc
Darius retournant en sa sale, où estoient ses plus familiers
amis, et tendant les mains vers le ciel, feit ceste priere aux
dieux : « O dieux, autheurs de la vie et protecteurs des roys
« et des royaumes, je vous supplie en premier lieu, qu'il vous

« plaise me faire la grace, que je puisse remettre sus la bonne
« fortune de la Perse, de sorte que je laisse cest empire à
« mes successeurs aussi grand et aussi glorieux, comme je
« l'ay receu de mes predecesseurs, à fin que demourant vic-
« torieux je puisse rendre la pareille à Alexandre, de l'huma-
« nité et honesteté, dont il a usé en mon adversité à l'endroit
« de ce qui m'est en ce monde le plus cher : ou bien si la
« prefixion du temps est venue, auquel il faille necessairement
« ou par quelque vengeance divine, ou par naturelle muta-
« tion des choses terrienes, que l'empire de Perse prene fin,
« qu'à tout le moins il n'y ait autre après moy qui seye
« dedans le throne de Cyrus que Alexandre ». La pluspart
des historiens met que tout cela fut ainsi fait et dit.

LVII. Au reste Alexandre ayant reduit à son obeïssance
tout ce qui est deçà la rivière d'Euphrates, se meit en chemin
pour aller au devant de Darius, lequel descendoit avec un
million de combatans : et y eut quelqu'un qui luy compta,
pour passer le temps, comme les valets de son armée s'estoient
divisez en deux bandes, et avoient eleu un capitaine en chef
de chascune, nommans l'un Alexandre, et l'autre Darius, et
qu'ilz avoient commencé à escarmoucher premierement à
coups de mottes de terre, et puis à coups de poing : mais
qu'à la fin ilz s'estoient eschauffez, jusques à venir aux
pierres, et aux bastons, de maniere que lon ne les pouvoit
departir. Cela ouy, Alexandre voulut que les deux capitaines
combatissent teste à teste l'un contre l'autre, et arma luy
mesme celuy que l'on appeloit *Alexandre,* et Philotas arma
celuy que lon nommoit *Darius.* Si s'amassa toute l'armée à
l'entour, pour veoir le passetemps de ce combat, comme
estant un presage qui donneroit cognoissance et jugement de
l'advenir. Le combat fut aspre entre les deux champions :
mais à la fin le nommé Alexandre vainquit, et luy donna
Alexandre pour son loyer douze villages, avec privilege de
pouvoir porter l'habit persien. Ainsi l'escrit Eratosthenes.

LVIII. Au demourant la derniere grande bataille qu'il eut
contre Darius, ne fut point à Arbeles, comme le met la plus
part des historiens, ains à Gausameles, qui signifie, à ce que
lon dit, en langage persien, la maison du chameau, pource
que quelqu'un des anciens roys de Perse s'estant sauvé des
mains de ses ennimis à la course dessus un dromadaire, le

feit loger là : et ordonna le revenu de quelques villages pour
la nourriture et entretenement d'iceluy. Or y eut il eclipse
de lune au mois d'aoust, environ le temps que commence la
feste des mysteres à Athenes, et l'unzieme nuict après, les
armées estans en veuë l'une de l'autre, Darius teint ses gens
en bataille, allant luy mesme par tout avec des torches revi-
siter les bandes et compagnies. Et Alexandre pendant que
les soudards Macedoniens dormoient, estoit devant sa tente
avec le devin Aristander, où il faisoit à part quelques
secrettes cerimonies, et quelques sacrifices à Apollo.

LIX. Et les plus anciens capitaines des Macedoniens, mesmement Parmenion, voyans toute la plaine qui est entre la
riviere de Niphates, et des montagnes Gordienes, reluisante
de feuz et de lumieres des Barbares, et un bruit confus, et un
son effroyable, ne plus ne moins que d'une mer infinie qui
retentissoit de leur camp, s'esmerveillerent d'une si grande
multitude d'hommes, et teindrent propos ensemble qu'il
seroit trop malaisé et presque impossible de soustenir tant
de monde s'ilz combatoient de plein jour. Au moyen dequoy
allans devers Alexandre après qu'il eut achevé ses cerimonies, ilz luy conseillerent qu'il donnast la bataille de nuict,
pour ce qu'en ce faisant les tenebres cacheroient à ses gens
ce qui estoit le plus effroyable en l'ost de son ennemy : et
il leur feit adonc ceste response, qui depuis a tant esté cele-
brée, « Je ne veux, dit-il, point desrobber la victoire ».
Laquelle response semble à quelques uns folle et presumptueuse, de se jouer et mocquer ainsi si près d'un extreme peril.
Mais il y en a d'autres qui sont d'advis que ce fut vraye
magnanimité presente et bon jugement à luy pour l'advenir,
de ne donner plus d'occasion à Darius, après qu'il auroit esté
vaincu, de reprendre encore courage, et d'essayer une autre
fois la fortune, s'il eust peu accuser les tenebres et la nuict,
comme cause de sa desfaitte, ne plus ne moins qu'à la
precedente roupte, il disoit que ce avoient esté les montagnes, les destroits et la mer, par qui il avoit esté desfait :
pource que jamais Darius n'eust cessé de guerroyer à
faulte d'hommes ny d'armes, veu le grand empire et
l'estendue infinie des païs qu'il tenoit : mais que bien eust il
desisté d'avoir plus recours aux armes quand il eust perdu
tout cueur et toute esperance, lors qu'il se fust veu tout

desfait à vive force, de plein jour, en bataille rengée.

LX. Après que ses capitaines se furent retirez en leurs logis, il se jetta dessus un lict en sa tente, là où il s'endormit tout le reste de la nuict plus serré qu'il n'avoit accoustumé, de maniere que les seigneurs qui vindrent à son lever le matin, s'esbahirent bien fort, comme il dormoit encore, et d'eulx mesmes feirent commandement aux soudards qu'ilz mangeassent : puis voyans que le temps les pressoit, Parmenion entra dedans sa chambre, et s'approchant de son lict l'appela deux ou trois fois par son nom, tant qu'il l'esveilla, et luy demanda comment il dormoit ainsi si haulte heure, en homme qui a desja vaincu, et non pas qui est prest à donner la plus grande et plus hazardeuse bataille qu'il eut onques : à quoy Alexandre luy respondit en riant, « Comment, et ne « te semble il pas que nous ayons desja vaincu, estans hors « de peine d'aller courir çà et là après Darius par un païs « infini et destruit, comme il nous eust fallu faire s'il eust « voulu fouir la lice et gaster tousjours le païs devant « nous » ?

LXI. Si ne se monstra pas seulement la grandeur de son courage et son asseurance magnanime fondée en discours de raison, avant la bataille seulement, mais aussi au plus fort du combat mesme : pource que la poincte gauche de son armée, que conduisoit Parmenion, branla et recula un peu, à cause que la gendarmerie Bactriene donna de grande roideur et par grand effort en cest endroit là sur les Macedoniens, et que Mazæus lieutenant de Darius envoya hors de leur bataille quelque nombre de gens de cheval, pour assaillir et charger ceulx que lon avoit laissez dedans le camp à la garde du bagage. Parquoy Parmenion estonné de l'un et de l'autre, envoya devers Alexandre l'advertir comme leur camp estoit perdu et leur bagage aussi, si promptement il n'envoyoit un grand secours du front de sa bataille à ceulx qui estoient à la cueuë. Quand ces nouvelles luy vindrent de la part de Parmenion, il avoit desja donné à ses gens le signe de la bataille pour commencer la charge. Si feit response à celuy qui les luy apporta, « que Parmenion n'estoit pas en son bon « sens, ains estoit troublé de son entendement, ne se souve- « nant pas qu'en gaignant la bataille, ilz ne sauveroient pas « seulement leur bagage, ains conquerroient d'avantage et

« gaigneroient celuy de leurs ennemis, et qu'en la perdant il
« ne se falloit plus soucier ny de leurs hardes, ni de leurs
« valets, ains penser seulement de mourir honorablement en
« bien faisant son devoir de vaillamment combatre ».

LXII. Ayant mandé ceste response à Parmenion, il meit
son armet en sa teste : car il avoit pris le reste de son harnois avant que partir de sa tente, qui estoit un sayon de
ceulx qui se font en la Sicile, ceinct, et par dessus une bri-
gandine faitte de plusieurs doubles de toile picquée, qui
estoit du butin gaigné en la bataille d'Issus. Son habillement
de teste estoit d'un fer reluisant comme argent pur et fin, de
la façon de l'armeurier Theophilus, le haulsecol de mesme,
excepté qu'il estoit tout couvert de pierreries, et une espée
legere à merveilles et de parfaittement bonne trempe, qu'il
avoit euë en don du roy des Citieiens, ayant accoustumé de
combatre le plus souvent d'une espée en un jour de bataille :
mais sa cotte d'armes estoit de beaucoup plus somptueuse et
plus riche manufacture, que tout le reste de son accoustrement : car c'estoit ouvrage de l'ancien Helicon, dont la cité de
Rhodes luy avoit fait un present, et la portoit aussi ordinairement aux batailles. Or ce pendant qu'il ordonnoit les compagnies en bataille, et qu'il preschoit les soudards, et leur
remonstroit quelque chose, ou qu'il se promenoit au long des
bandes pour visiter tout, il montoit dessus un autre cheval,
pour espargner Bucephal, à cause qu'il estoit desja un peu
vieil : mais quand il falloit mettre à bon esciant la main à
l'œuvre, alors on le luy amenoit, et soudain qu'il estoit
dessus, il alloit commencer la charge. Mais lors après avoir
longuement presché les hommes d'armes Thessaliens et les
autres Grecs pareillement, comme ilz l'eussent tous asseuré
qu'ilz feroient bien leur devoir, et prié qu'il les menast tout
de ce pas charger les ennemis, il prist adonc sa javeline en
sa main gauche, et levant la droitte vers le ciel, requit aux
dieux, comme escrit Callisthenes, que s'il estoit veritable
qu'il fust engendré de Jupiter, il leur pleust ce jour là estre
en aide et donner bon courage aux Grecs. Le devin Aristander estoit à cheval tout contre luy, vestu d'un manteau blanc,
et ayant dessus sa teste une couronne d'or, qui luy monstra
à l'instant mesme de sa prière, un aigle volant en l'air par
dessus sa teste, et dressant son vol justement contre les ennemis.

LXIII. Cela asseura grandement et emplit de merveilleuse
hardiesse ceulx qui le veirent, et en ceste resjouïssance les
hommes d'armes s'entredonnans courage les uns aux autres,
commencerent à se mettre au galop : le bataillon de gens de
pied s'esbranla aussi après eulx : mais avant que les premiers
arrivassent à pouvoir choquer, les Barbares tournerent le
dos, et y eut là une grande chasse, poulsant Alexandre les
fuyans contre le milieu de leur bataille, là où estoit Darius
en personne : car il l'apperceut de loing par dessus·les premiers rengs, tout au fond de la compagnie royale : pource
qu'il estoit beau et grand personnage, monté dessus un hault
chariot de bataille, lequel estoit borné et environné de tous
costez de plusieurs trouppes de gens de cheval, tous bien en
poinct et rengez en belle ordonnance, pour attendre et recevoir l'ennemy. Mais quand ilz apperceurent de près Alexandre
si terrible, chassant à val de roupte les fuyans à travers
ceulx qui tenoient encore leurs rengs, cela les effroya de
sorte qu'ilz se desbanderent la plus part : mais les gens de
bien et les plus vaillans hommes se feirent tous tuer devant
leur roy, et en tumbant les uns sur les autres, empescherent
que lon ne le peust promptement poursuivre : car estans
portez par terre et tirans aux traicts de la mort, encore
embrassoient ilz les pieds des hommes et des chevaux. Adonc
voyant Darius tous les maulx et malheurs du monde devant
ses yeulx, et comme les bandes qu'il avoit rengées au devant
de luy pour sa sauvegarde, se renversoient toutes sur luy,
de sorte qu'il n'y avoit moyen de faire tirer avant son chariot,
ny le retourner en arriere, tant les rouës estoient engagées et
embarrassées entre des monceaux de corps morts, et que les
chevaulx aussi comme assiegez et presque cachez dedans les
tas de la desconfiture, se tourmentoient et saultoient de
frayeur, tellement que le charton ne les pouvoit plus guider
ne conduire, il abandonna finablement son chariot, et quittant
ses armes monta dessus une jument qui nagueres avoit fait
un poulain, et se sauva de vistesse : toutefois encore ne se
fust il pas sauvé, n'eust esté que Parmenion envoya de
rechef vers Alexandre le prier de le venir secourir, pource
qu'il y avoit encore en cest endroit une grosse puissance
ensemble, qui ne faisoit point semblant de reculer. Comment
que ce soit, on blasme Parmenion de s'estre ce jour là porté

laschement et froidement, fust ou pource que la vieillesse luy eust ja diminué quelque chose de sa hardiesse, ou pource qu'il fust marry, et qu'il portast quelque envie à la puissance d'Alexandre qui devenoit trop grande à son gré, ainsi que dit Callisthenes : tant y a, que Alexandre fut bien mal content de ce second renvoy, et n'en dit pas toutefois la cause veritable à ses gens, ains feignant qu'il vouloit que lon cessast de tuer, joint que la nuict approchoit, il feit sonner la retraitte, et s'achemina vers l'endroit de son armée qu'il cuidoit avoir de l'affaire : mais par le chemin il eut nouvelles qu'encore là avoient esté ses ennemis desfaicts, et qu'ilz fuyoient de tous costez à val de roupte.

LXIV. Ceste bataille ayant eu telle issue, on pensa bien adonc que l'empire des Perses estoit entierement ruiné, et Alexandre consequemment devenu roy de toute l'Asie. Si en feit de sumptueux et magnifiques sacrifices aux dieux, et donna à ses familiers de grandes richesses, terres, maisons et seigneuries : et voulant aussi monstrer sa liberalité aux Grecs, il leur escrivit qu'il vouloit que toutes tyrannies fussent abolies en la Grece, et que tous peuples Grecs vescussent soubz leurs loix en liberté : mais particulierement il feit entendre à ceulx de Platæes, qu'il vouloit faire rebastir leur ville, pour autant que anciennement leurs predecesseurs avoient baillé et donné leur païs aux Grecs, pour y combatre contre les Barbares pour la defense de liberté commune de toute la Grece, et envoya jusques en Italie à ceulx de Crotone partie du butin pour honorer la memoire de la vertu et bonne affection de Phaylus leur citoyen, qui du temps des guerres Medoises, comme les Grecs habitans en Italie eussent abandonné ceulx de la vraye Grece, pource qu'ilz ne pensoient pas qu'ilz se deussent jamais sauver, s'en alla avec un sien vaisseau, qu'il arma et equippa à ses propres cousts et despens, à Salamine, à fin de se trouver à la bataille, et estre participant du commun peril des Grecs : tant estoit Alexandre affectionné amy de toute vertu, et desiroit conserver la memoire des beaux et louables faicts.

LXV. Au reste en allant par le païs de Babylone, qui se rendit incontinent tout à luy, il s'esmerveilla fort quand il veit en la province d'Ecbatane le gouffre, dont il sort continuellement de gros bouillons de feu comme d'une fonteine,

et aussi la source du naphthe qui en jette si grande abondance qu'elle en fait comme un lac. Ce naphthe est une
matiere qui ressemble proprement au bitume : mais il est si
prompt et si facile à allumer, que sans toucher à la flamme,
par la seule lueur qui sort du feu il s'enflamme, et enflamme
aussi l'air qui est entre deux : laquelle nature les Barbares
du païs voulans faire veoir et donner à entendre à Alexandre,
arroserent de gouttes de ceste liqueur la rue, par laquelle
lon alloit au logis d'Alexandre en Babylone, puis aux deux
bouts de la rue approcherent des flambeaux de ces gouttes de
naphthe, dont ilz avoient aspergé les deux costez de la rue,
pource que l'air commenceoit ja à s'obscurcir sur la nuict, et
s'estant les premieres gouttes subitement allumées, il n'y eut
point d'intervalle de temps sensible que tout le demourant
ne fust aussi tost enflammé en un moment, et que le feu
n'eust aussi tost gaigné depuis un bout jusques à l'autre, de
sorte que toute la rue en fut esclairée d'un feu continué.

LXVI. Or y avoit il un Athenophanes natif d'Athenes, qui
servoit le roy au baing de luy frotter et oindre et nettoyer
le corps quand il s'estuvoit, et aussi ensemble de luy resjouir
l'esprit de quelque joyeux entretien et de quelque honeste
passe-temps. Cestuy advisant un jour dedans l'estuve un
jeune page nommé Stephanus auprès d'Alexandre, chetif à
merveilles et laid de visage, mais chantant fort plaisamment,
dit au roy, « Veux-tu, Sire, que nous esprouvions la vertu
« de ceste matière de naphthe sur Stephanus ? Car si le feu
« se prent à luy et qu'il ne s'esteigne point, je diray lors
« que sa force sera certainement grande et invincible ». Le
page s'offrit fort vouluntiers à en souffrir la preuve sur sa
personne : mais ainsi comme lon l'en frottoit au touché seulement il jetta incontinent une si grande flamme, et fut tout
le corps du page en un moment espris de tant de feu,
qu'Alexandre s'en trouva en extreme peine et perplexité, et
n'eust esté que de bonne adventure il se trouva dedans
l'estuve plusieurs ayans en leurs mains des vaisseaux pleins
d'eau pour le baing, jamais on n'eust peu secourir le page à
temps, que le feu ne l'eust bruslé et suffoqué devant, encore
eurent ilz beaucoup d'affaire à l'esteindre, et en demoura le
page fort malade. Ce n'est donques pas sans apparence que
quelques uns, voulans que la fable de Medée ait esté chose

veritable, disent que la drogue dont elle frotta la couronne et le voile qu'elle donna à la fille de Creon, comme
il est tant mentionné par les tragœdies, fust ceste liqueur de
naphthe, pource que ny la couronne ny le voile ne pouvoient
jetter le feu d'eulx mesmes, ny ne s'y estoit pas allumé non
plus de soymesme : mais y estant l'aptitude de s'enflammer
apposée par ce frottement de naphthe, l'attrait de la flamme
en fut si prompt et si soudain, que lon ne s'en apperceut
point à l'œil : car les rayons et les fluxions qui sortent du
feu quand ilz viennent de loing, jettent aux autres corps la
lumiere et la chaleur seulement : mais à ceulx qui ont en
eulx une siccité venteuse, ou une humeur grasse et gluante
s'unissans ensemble, et ne cherchant de leur nature qu'à
s'allumer et faire feu, ilz alterent facilement et enflamment
la matiere qu'ilz y treuvent preparée.

Mais on est en doubte comment il s'engendre ou si plus tost
ceste matiere liquide, et ceste humeur là, qui s'enflamme
ainsi facilement, sourt et coule de la terre qui a la nature
grasse et preste à faire feu : car tout le païs d'alentour de
Babylone est fort ardent, de maniere que bien souvent les
grains d'orge emmy l'air sautent et petillent bien souvent
contremont, comme si la terre par la vehemence de l'inflam-
mation eust un pouls hault qui les feist ainsi saulteler, et les
hommes aux grandes chaleurs d'esté y dorment sur des
grands sacs de cuir pleins d'eau fresche. Harpalus que
Alexandre y laissa pour son lieutenant et gouverneur du
païs, desirant y orner et embellir les jardins du palais royal,
et les allées d'iceulx, de toutes les plantes de la Grece, vint
bien à bout d'y edifier toutes les autres, excepté le lierre seulement, que la terre ne voulut jamais endurer, ains le feit
tousjours mourir, pource qu'il ne pouvoit endurer la temperature d'icelle qui estoit ardente, et le lierre de sa nature
aime l'air et le païs froid. Ces disgressions là sont un peu
hors de propos : mais à l'adventure ne seront elles point
ennuyeuses aux lecteurs quelques difficiles qu'ilz soient,
pourveu qu'elles ne soyent pas trop longues.

LXVII. Au surplus Alexandre s'estant emparé de la ville de
Suse, trouva dedans le chasteau quarante mille talens en or
et en argent monnoyé, sans une quantité inestimable d'autres
riches et precieux meubles, entre lesquelz on dit qu'il se

trouva trois cents mille livres pesant de pourpre Hermio-
nique, que lon y avoit amassée et serrée en l'espace de deux
cents ans, il ne s'en falloit que dix, et neantmoins retenoit
encore la vivacité de sa couleur aussi guaye, comme si elle
eust esté toute fresche : et dit on que la cause pourquoy elle
s'estoit ainsi bien conservée, venoit de ce que la teinture en
avoit esté faitte avec du miel, ès laines qui ja paravant
estoient teinctes en rouge, et avec de l'huile blanche, ès laines
blanches : car on en voit de celles là teinctes d'aussi long
temps, qui tienent encore la vigueur de leur lustre nette et
reluisante. Dinon escrit d'avantage, que ces roys de Perse
faisoient venir de l'eau des rivieres du Nil et du Danube,
laquelle ilz faisoient serrer avec leurs autres tresors par une
magnificence, comme pour confirmer par là la grandeur de
leur empire, et monstrer qu'ilz estoient seigneurs du monde.

LXVIII. Mais ayant le païs de la Perse les entrées et
advenues malaisées, tant pource qu'il est de soy aspre, comme
aussi pource que les passages estoient gardez par les meilleurs hommes de la Perse, à cause que le roy Darius fuyant
de la bataille, s'y estoit retiré, il y eut un homme parlant la
langue Grecque et Persiene, né d'un pere natif de la Lycie,
et d'une mere Persiene, qui conduisit Alexandre au dedans
par un destour et circuit de chemin, qui ne fut pas trop long,
suyvant ce qui autrefois avoit esté predit par la prophetisse
Pythie, estant Alexandre encore en son enfance, qu'il y auroit
un Lycien qui le guideroit et conduiroit à l'encontre des
Perses. Si fut fait dedans le païs grande occision des prisonniers que lon y prit : car Alexandre luy mesme escrit, que
pensant que cela deust servir à ses affaires, il commanda que
lon meist les hommes à l'espée. Lon tient qu'il y trouva tout
autant d'or et d'argent monnoyé, comme il avoit fait en la
cité de Suse, qui fut emporté avec le reste des precieux
meubles, et toute la chevance royale, par dix mille paires de
mulets, et cinq mille chameaux. Mais en entrant dedans le
chasteau de la cité capitale de Perse, Alexandre advisa
d'adventure une grande image de Xerxes, laquelle avoit esté,
sans y penser, abbatue en terre par la multitude des soudards
qui se jettoient à la foule dedans : s'y arresta tout court, et
parlant à elle comme si elle eut eu sens et vie, dit : « Je ne
« sçay si je doy passer oultre sans te faire redresser, pour

« la guerre que tu feis jadis aux Grecs, ou si je te doy faire
« relever pour le regard de ta magnanimité et de tes autres
« vertus ». Finablement après avoir demouré long temps à
penser en luy mesme sans mot dire, il passa oultre, et voulant refaire un peu son armée qui estoit lasse et travaillée,
mesmement qu'il estoit lors la saison d'hyver, il y sejourna
quatre mois tout entiers. Là où lon dit que la premiere fois
qu'il s'asseit dedans le throne royal soubz un ciel d'or, Demaratus Corinthien, qui luy portoit amitié et bienveillance here-
ditaire, commencée dès le temps de Philippus, son pere, se
prit à plorer de joye en bon bon vieillard comme il estoit,
disant « que les Grecs paravant decedez estoient bien privez
« d'un fort grand plaisir, de n'avoir pas eu cest heur, que de
« veoir Alexandre assis dedans le throne royal de Xerxes ».
LXIX. Et depuis ainsi comme il se preparoit pour aller
encore après Darius, il se meit un jour à faire bonne chere,
et à se recréer en un festin, où lon le convia avec ses
mignons, si priveement, que les concubines mesmes de ses
familiers furent au banquet avec leurs amis, entre lesquelles
la plus renommée estoit Thaïs, natifve du païs de l'Attique,
estant l'amie de Ptolomæus, qui après le trespas d'Alexandre
fut roy d'Ægypte. Ceste Thaïs, partie louant Alexandre dextrement, et partie se jouant avec luy à la table, s'avancea de luy
entamer un propos bien convenable au naturel affetté de son
païs, mais bien de plus grande consequence qu'il ne luy appartenoit, disant « que ce jour là elle se sentoit bien largement à son
gré recompensée des travaux qu'elle avoit soufferts à aller
errant çà et là, par tout le païs de l'Asie en suivant son armée,
quand elle avoit eu ceste grace et cest heur de jouer à son plaisir,
dedans le superbe palais royal des grands roys de Perse : mais
qu'encore prendroit elle bien plus grand plaisir à brusler, par
maniere de passetemps et de feu de joye, la maison de Xerxes
qui avoit bruslé la ville d'Athenes, en y mettant elle meme le
feu en la presence et devant les yeux d'un tel prince comme
Alexandre, à celle fin que lon peust dire au temps à venir,
que les femmes suivans son camp avoient plus magnifiquement vengé la Grece des maulx que les Perses luy avoient
faicts par le passé, que n'avoient jamais fait tous les capitaines Grecs qui furent onques ny par terre ny par mer ».
Elle n'eut pas si tost achevé ce propos que les mignons

d'Alexandre y assistans, se prirent incontinent à batre des
mains et à mener grand bruit de joye, disans que c'estoit le
mieulx dit du monde, et incitans le roy à le faire. Alexandre
se laissant aller à leurs instigations, se jetta en pieds et prenant
un chappeau de fleurs sur sa teste et une torche ardente en
sa main, marcha luy mesme le premier : ses mignons allerent
après tout de mesme, crians et dansans tout à l'entour du
chasteau. Les autres Macedoniens qui en sentirent le vent, y
accoururent aussi incontinent avec torches et flambeaux tous
ardents en grande resjouissance, pource qu'ilz faisoient leur
compte que cela estoit signe que Alexandre pensoit de s'en
retourner en son païs, non pas faire sa demourance entre les
Barbares, puis qu'il brusloit et gastoit ainsi le chasteau royal.
Voilà comme lon tient qu'il fut ars et bruslé : toutefois il y
en a qui disent, que ce ne fut pas de ceste sorte, par maniere
de jeu, ains par deliberation du conseil : comment que ce
soit, c'est bien chose confessée de tous qu'il s'en repentit sur
l'heure mesme, et qu'il commanda que lon esteignist le feu.

LXX. Mais estant de sa nature liberal, et aimant à donner,
ceste voulunté luy creut encore d'avantage à mesure que ses
affaires allerent prosperant, et si accompagnoit les presens
qu'il faisoit d'une chere guaye, et d'une caresse qui les rendoit encore beaucoup plus aggreables. Dequoy je veux en cest
endroit reciter quelque peu d'exemples : Ariston, qui estoit
coulonnel des Pæoniens, ayant occis un des ennemis, et luy
en monstrant la teste, luy dit : « Sire, un tel present en
« nostre païs se recompense d'une couppe d'or ». Alexandre
en se riant luy respondit, « Ouy bien d'une couppe vuide :
« mais j'en boy à toy dedans ceste cy pleine de bon vin, que
« je te donne ». Une autre fois il trouva un pauvre homme
Macedonien, qui menoit un mulet chargé de l'or du roy, et
comme le mulet se trouvast si las et recreu qu'il ne pouvoit
plus se soutenir, le muletier Macedonien chargea la somme
sur ses espaules, et la porta luy mesme une espace du chemin, mais à la fin il s'en trouva si chargé, qu'il vouloit
mettre son fardeau en terre : ce que voyant Alexandre,
demanda que c'estoit, et l'ayant entendu, luy dit, « Ne te
« lasse point, et fais tant que tu le portes encores jusques en
« ta tente, car je te le donne ». Brief il sçavoit plus mauvais
gré à ceulx qui ne vouloient point prendre de luy, qu'à ceulx

qui luy demandoient : comme il escrivit à Phocion, qu'il ne
le tiendroit plus pour un de ses amis, s'il refusoit les presens
qu'il luy faisoit. Il n'avoit d'adventure rien donné à un jeune
garson qui se nommoit Serapion, lequel servoit de jetter la
balle à ceulx qui jouoient, non pour autre cause, que pource
qu'il ne luy demandoit rien. Parquoy un jour que le roy y
vint pour jouer, ce garson jetta tousjours la balle aux autres
qui jouoient avec luy, et à luy non : tellement que le roy à
la fin luy dit, « Et à moy, ne me donnes tu point »? « Non,
« respondit il, sire, pource que tu ne demandes point ».
Alexandre entendit incontinent ce qu'il vouloit dire, et s'en
prenant à rire, luy feit depuis beaucoup de bien. Il y avoit à
sa suitte un nommé Proteas, homme plaisant, qui rencontroit
fort plaisamment, et de bonne grace, en compagnie : il advint qu'Alexandre, pour quelque occasion fut courroucé à
luy : parquoy ses amis se meirent à prier et interceder pour
luy, à ce qu'il luy voulust pardonner, et luy mesme estant
present, luy requit aussi pardon, ayant les larmes aux yeux.
Alexandre dit, qu'il luy pardonnoit : et le plaisant luy repliqua, « Donnes m'en donques, sire, quelque seureté premie-
« rement, si tu veux que je m'en asseure » : il commanda sur
l'heure qu'on luy donnast cinq talents.

LXXI. Quant aux biens qu'il donnoit, et aux richesses
qu'il departoit à ses familiers, et à ceulx qui estoient de la
garde de son corps, on peult evidemment cognoistre qu'ilz
estoient fort grands par une lettre missive que sa mere Olympias luy en escrivit un jour, où il y a ces propres termes :
« Je suis bien d'advis que tu faces autrement des biens à tes
« familiers amis, et que tu les tienes en honneur auprès de
« toy : mais tu les fais egaulx aux grands roys, et leur donnes
« les moyens de faire beaucoup d'amis en te les ostant à toy
« mesme ». Et comme sa mere luy en escrivist souvent de
semblables à ce mesme propos, il les gardoit secrettement
sans les communiquer à personne, sinon un jour, que comme
il en ouvrit une, Hephæstion qui se trouva present, s'approcha,
ainsi qu'il avoit accoustumé, et la leut avec luy : Alexandre
ne l'en engarda point, mais après qu'il l'eut achevée de
lire, il tira de son doigt l'anneau duquel il seelloit et cache-
toit ses lettres, et en meit le cachet contre la bouche
d'Hephæstion. Il donna au filz de Mazæus, qui estoit le plus

grand personnage que Darius eust autour de luy, un second gouvernement oultre celuy qu'il avoit paravant, encore plus grand que le premier. Le jeune Seigneur le refusa disant : « Comment, sire, par cy devant il n'y avoit qu'un Darius, et tu fais maintenant plusieurs Alexandre ». Il donna aussi à Parmenion la maison de Bagoas, là où lon dit qu'il se trouva de meubles Susians seulement, pour mille talents. Il manda à Antipater qu'il prist des gardes pour la seureté de sa personne, à cause qu'il avoit des ennemis et malvueillans qui le guettoient. Aussi donna il et envoya plusieurs beaux et grans presens à sa mere : mais il luy manda qu'elle ne se meslast point autrement plus avant de ses affaires, et qu'elle n'entreprist point l'estat d'un capitaine : dequoy elle s'estant courroucée, il supporta patiemment l'aspreté de son courroux. Et comme Antipater un jour luy eust escrit une longue lettre à l'encontre d'elle, après l'avoir leuë, il dit : « Antipater « n'entend pas qu'une seule larme de mere, efface dix mille « lettres ».

LXXII. Au reste s'estant apperceu, que ceulx qui avoient accès autour de luy, estoient devenus par trop dissolus et desordonnez en delices, et superflus en despense, de maniere que un Agnon Teïen portoit de petits clous d'argent à ses pantoufles, et que Leonatus faisoit porter parmy son bagage la charge de plusieurs chameaux de pouldre d'Aegypte, pour s'en servir seulement quand il jouoit à la lucte et autres telz exercices de la personne, et que lon trainnoit aussi après Philotas des toiles pour la chasse de douze mille cinq cents pas de long, et qu'il y en avoit qui usoient de precieux parfums et de senteurs liquides quand ilz s'estuvoient et baignoient, plus qu'il n'y en avoit qui se frottassent d'huile simple seulement, et qu'ilz menoient des valetz de chambre delicatz, pour les estriller et frotter dedans le baing, et pour faire mollement leurs lictz, il les en reprit doulcement et sagement, en leur disant, « Qu'il s'esmerveilloit comment « eulx qui avoient combatu tant de fois et en si grosses « batailles, ne se souvenoient pas, que ceulx qui travaillent, « dorment plus souefvement et de meilleur somme, que ceulx « qui ne travaillent point, et comment ilz n'appercevoient « pas, en conferant leur maniere de vivre avec celle des « Perses, que le vivre en delices est chose servile, et le tra-

« vailler chose royale. Et comment prendroit la peine de
« penser luy mesme son cheval, ou de fourbir sa lance et
« son armet, celuy qui par delicate paresse desdaigne ou
« desaccoustume d'employer ses mains à frotter son propre
« corps? Ne sçavez vous pas, que le comble de nostre vic-
« toire consiste à ne faire pas ce que faisoient ceulx que
« nous avons vaincus et desfaits » ? Et pour les convier par
son exemple à travailler, il prenoit encore plus de peine
que jamais, à la guerre et à la chasse, et se hazardoit à tout
peril plus adventureusement qu'il n'avoit onques fait : tellement qu'un ambassadeur Lacedæmonien, s'estant trouvé
present à luy veoir combatre et desfaire un grand lion, luy
dit : « Tu as certainement bien combatu contre ce lion, sire,
« à qui demoureroit le roy ». Craterus feit depuis mettre
ceste chasse au temple d'Apollo en Delphes, où sont les
images du lion, des chiens, et du roy combatant le lion, et de
luy mesme qui y survint au secours, estans toutes les dittes
images de cuyvre, les unes faittes de la main de Lysippus, et
les autres de Leochares.

LXXIII. Ainsi doncques Alexandre, tant pour exerciter sa
personne à la vertu, que pour inciter ses gens à faire de
mesme, s'exposoit à tels hazards : mais ses familiers pour les
grands biens et grandes richesses, dont ilz estoient gorgez,
vouloient vivre en delices sans plus se travailler, et leur
grevoit d'aller d'avantage errans par le monde d'une guerre
en une autre : à raison dequoy ilz commenceoient peu à peu
à le blasmer et à dire mal de luy : ce que du commencement
Alexandre supporta doulcement, disant « que c'estoit chose
« digne d'un roy, souffrir d'estre blasmé, et ouïr mal pour
« faire bien » : toutefois les moindres demonstrations qu'il
faisoit à ses amis, tesmoignoient une amitié cordiale, et un
honneur grand qu'il leur portoit, dequoy je veux en cest
endroit mettre quelques exemples : Peucestas ayant esté
mors d'un ours, l'escrivit à ses autres amis, et ne luy en
manda rien. Alexandre n'en fut pas content, et luy escrivit,
« A tout le moins, mande moy comment tu te portes main-
« tenant, et si aucuns de ceulx qui chassoient avec toy,
« t'ont point abandonné au besoing, à fin qu'ilz en soient
« punis ». Estant Hephæstion absent de sa cour pour quelques affaires, il luy escrivit, que ainsi comme ilz s'esbatoient

à combatre une beste, qui s'appelle *ichneumon*, Craterus s'estoit de male fortune rencontré au devant du javelot de Perdiccas, et en avoit esté blecé en toutes les deux cuisses. Peucestas estant eschappé d'une grosse maladie, il en escrivit à Alexippus le medecin qui l'avoit pensé, en le remerciant. Estant Craterus malade, il eut quelques visions une nuict, à raison desquelles il feit certains sacrifices pour le recouvrement de sa santé, et luy manda qu'il en feist aussi :. et comme le medecin Pausanias luy voulust donner une medecine d'ellebore, il luy escrivit des lettres, par lesquelles il luy feit entendre la peine où il en estoit, et l'admonesta qu'il regardast bien soigneusement comment il useroit de celle medecine. Il feit mettre en prison Ephialtes et Cissus, qui luy allerent les premiers denoncer la fuitte et retraitte de Harpalus, comme l'accusans à tort et faulsement. Ayant commandé que lon feist un rolle des vieilles gens et des indisposez et malades, pour les renvoyer au païs en leurs maisons, il y eut un Eurycholus Aegéien qui se feit enroller entre les malades, et depuis fut trouvé qu'il n'avoit point de mal, et confessa qu'il l'avoit fait seulement pour suivre une jeune femme nommée Telesippa, dont il estoit amoureux, qui s'en retournoit ès païs bas devers la mer. Alexandre demanda de quelle condition estoit ceste femme : il luy fut respondu que c'estoit une courtisanne de condition libre. Adonc, « Je désire, « dit il à Eurylochus, favoriser ton amour, toutefois de l'ar- « rester par force, je ne puis : mais advise de faire en sorte « par dons, ou par bonnes paroles, que elle soit contente de « demourer, puis qu'elle est de condition libre ».

LXXIV. C'est chose merveilleuse, comment il prenoit la peine d'escrire pour ses amis, jusques à de si petites choses, qu'il faisoit, comme quand il escrivit en Cilicie pour un serviteur de Seleucus qui s'en estoit fouy d'avec son maistre, commandant que lon feist diligence de le chercher. Et par une autre missive, il louë Peucestas de ce qu'il avoit fait arrester et prendre Nicon un esclave de Craterus : et à Megabyzus, touchant un autre serf qui s'en estoit fouy en la franchise d'un temple, il luy commande aussi par lettres de tascher à l'en faire sortir pour luy mettre la main sur le collet, mais autrement de ne luy toucher point. Et dit on que au commencement, quand il seoit en jugement pour ouïr plaider quelques causes criminelles, pendant que l'accusateur deduisoit le faict de son accusation, il tenoit tousjours l'une de ses oreilles close avec la main, à fin de la contregarder pure, et non prevenue d'aucune calumnieuse impression, pour ouïr les defenses et justifications de l'accusé. Mais depuis, la multitude des accusations que lon proposa devant luy, l'irrita et le rendit aspre, jusques à luy faire croire les faulses pour le grand nombre qu'il en trouva de vrayes : mais ce qui plus le faisoit sortir hors de soymesme, estoit quand il entendoit que lon avoit mesdit de luy, et estoit adonc cruel sans vouloir pardonner en façon quelconque, comme celuy qui aimoit mieulx la gloire, que l'empire, ny que sa propre vie.

LXXV. Au demourant, il se remeit lors en chemin pour aller après Darius, pensant qu'il peust encore combatre : mais entendant comme Bessus l'avoit pris, adonc il donna congé aux Thessaliens de s'en retourner en leurs maisons après leur avoir fait don de deux mille talents, oultre leur soulde et leur paye ordinaire : mais en ceste poursuitte de Darius, qui fut longue, laborieuse et penible, pource qu'en unze jours il feit bien à cheval environ deux cents et six lieues, tellement que pour la plus part ses gens estoient si las et si recreuz, qu'ilz n'en pouvoient plus, mesmement à faulte d'eau, il trouva un jour quelques Macedoniens qui portoient dessus des mulets des peaux de chevre pleines d'eau, qu'ilz venoient de querir d'une riviere, et voyans qu'Alexandre mouroit de soif, estant ja environ le midy, ilz coururent vistement à luy, et luy presenterent de l'eau pour boire dedans un armet : il leur demanda à qui ilz portoient ceste eau, et ilz luy respondirent qu'ilz la portoient à leurs enfans : « Mais « pourveu que tu vives, sire, nous pourrons bien tousjours « refaire d'autres enfans, si nous perdons ceulx cy ». Ayant ouy ces paroles, il prit l'armet, et regardant autour de luy, que tous les hommes d'armes qui l'avoient suivy, estendoient le col pour veoir ceste eau, il la rendit à ceulx qui la luy avoient presentée, en les remerciant, sans en boire : « Car si « je boy seul, ceulx cy, dit il, perdront tout courage ». Et adonc eulx voyans la gentillesse de son courage, luy crierent tout hault, qu'il les menast hardiment : et quant et quant se prirent à fouetter leurs chevaux, disans qu'ilz n'estoient plus las, et qu'ilz n'avoient plus de soif, ains qui plus est, qu'ilz ne pensoient pas estre mortelz, tant comme ilz auroient un tel roy.

LXXVI. Si estoit bien la bonne voulunté de le suivre egale en tous, mais toutefois il n'y en eut que soixante seulement, qui donnassent quant et luy jusques dedans le camp des ennemis, là où passans par dessus force or et argent qui gisoit espandu emmy la place, et tirans oultre plusieurs chariots pleins de femmes et d'enfans, qu'ilz trouvoient emmy les champs, fuyans çà et là à l'adventure, sans chartier qui les conduisist, ilz coururent à bride abbatue jusques à ce qu'ilz eussent attaint les premiers fuyans, pensans bien que Darius y devoit estre, et feirent tant qu'ilz le trouverent à la fin à grande peine estendu dessus un chariot, ayant le corps tout percé de plusieurs coups de dards et de javelots, que lon luy avoit donnez : et estant bien près de rendre l'esprit, ce neantmoins encore demanda il à boire, et beut de l'eau fresche que luy bailla Polystratus, auquel après avoir beu il dit, « Cestuy est le dernier de mes malheurs, mon amy, « qu'ayant receu ce plaisir de toy, je n'ay pas moyen de le « te rendre : mais Alexandre t'en donnera la recompense, et « les dieux à Alexandre de la bonté, doulceur et humanité, « dont il a usé envers ma mere, ma femme et mes enfans, « en la main duquel je te prie que tu touches pour moy ». En disant ces dernieres paroles, il prit la main de Polystratus et rendit l'ame tout aussi tost. Alexandre y survint incontinent après, et monstra evidemment qu'il luy desplaisoit fort de sa fortune, et destachant son manteau, le jetta dessus le corps, et l'en enveloppa. Depuis ayant trouvé moyen d'avoir Bessus entre ses mains, il le feit desmembrer avec deux arbres haults et droits, qu'il feit courber l'un devers l'autre, et attacher à chacun une partie du corps, puis les laisser retourner en leur naturel, par telle impetuosité, que chacun en emporta sa piece.

LXXVII. Mais pour lors ayant fait ensepvelir et embausmer royalement le corps de Darius, il l'envoya à sa mere, et receut au nombre de ses amis son frere Exathres : puis avec la fleur de son armée, descendit au païs des Hyrcaniens, là où il veit le gouffre de la mer Caspiene, qui ne luy sembla pas moindre que celuy de la mer de Pont : mais bien en est l'eau plus doulce que celle des autres mers. Si ne peut rien trouver ny sçavoir de certain que c'estoit, ny dont elle venoit . mais ce qui luy en sembla plus approchant de la verité, est que ce soit un regorgement des marets Mæotides. Et toutefois les anciens philosophes naturelz semblent en avoir sçeu la verité : car plusieurs ans devant le voyage et les conquestes d'Alexandre, ilz ont escrit que des quatre principaux gouffres de mer qui viennent de l'Ocean, et entrent au dedans des terres, le plus septentrional est celuy de la mer Caspiene, qu'ilz appellent aussi la mer Hyrcaniene : mais en passant par ce païs là, il y eut quelques Barbares qui au desprouveu se ruerent sur ceulx qui menoient Bucephal le cheval de bataille d'Alexandre, et le prirent, dequoy il fut si despit qu'il envoya denoncer par un herault à ceulx du païs, qu'il mettroit tout à l'espée jusques aux femmes et aux petits enfants, s'ilz ne luy faisoient ramener son cheval : et comme ilz le luy eussent ramené, et qui plus est, livré leurs villes et leurs places entre ses mains, il les traita tous humainement, et si paya d'avantage la rençon de son cheval à ceulx qui le luy remenerent.

LXXVIII. Au partir de là il entra en la province Parthiene, là où se trouvant de loisir il commencea à se vestir à la mode des Barbares, soit ou qu'il se voulust accoustumer aux meurs et façons de faire du païs, estimant qu'il ne pourroit avoir meilleur moyen de gaigner les cueurs des hommes qu'en s'accoustumant à leurs manieres de vivre, ou bien qu'il le feist pour sonder et tenter les cueurs des Macedoniens, à fin de sçavoir comment ilz prendroient l'usance qu'il vouloit introduire de l'adoration, c'est à dire, de faire la reverence et s'encliner devant le roy, en les accoustumant ainsi petit à petit à supporter la mutation et le changement de sa maniere de vivre, combien que du premier coup il ne prit pas l'accoustrement des Medois, qui estoit par trop estrange et de tout poinct barbaresque : car il ne porta point de braguesques, ny la robbe trainnante en terre, ny le hault chappeau pointu, ains prit un habit moyen entre celuy des Medois et celuy des Perses, plus modeste que celuy là, et plus pompeux que cestuy cy, encore du commencement ne le porta il que quand il avoit à parler à quelques Barbares, ou en son privé entre ses familiers amis : mais depuis il se monstra au peuple en public avec cest accoustrement en

allant par les champs, ou bien en donnant audience publiquement, qui fut chose bien desplaisante aux Macedoniens :
mais ilz avoient sa vertu en si grande admiration, qu'ilz
estimoient estre raisonnable qu'on luy concedast qu'il peust
faire aucunes choses pour son plaisir et à sa fantaisie : car
oultre les autres heurts qu'il avoit euz auparavant, il avoit
nagueres receu un coup de flesche qui luy avoit rompu l'os
de la jambe, et une autre fois avoit aussi receu un coup de
pierre sur le chignon du col, dont il tumba en un esblouissement de la veuë qui luy dura bien long temps, et neantmoins
ne laissoit pas pour tout cela de s'exposer encore à tous
perilz sans en rien s'espargner : car il passa encore la riviere
des Orexartes, qu'il estimoit estre le Tanaïs, et ayant desfait
en bataille rengée les Scythes, les chassa battant plus de
cinq grandes lieuës, quoy qu'il fust travaillé d'un flux de
ventre.

LXXIX. Ce fut là où lon dit que la royne des Amazones le
vint trouver : car ainsi l'a escrit la plus part des historiens,
comme Clitarchus, Polycritus, Onesicritus, Antigenes et
Hister : mais Charès le rapporteur, et Ptolomæus, Anticlides,
et Philon le Thebain, Philippus le rapporteur, et oultre ceulx
là Hecatæus Erethrien, Philippus Chalcidien et Duris le
Samien, disent que c'est chose controuvée et faitte à plaisir,
et semble que Alexandre mesme leur en porte tesmoignage :
car escrivant toutes choses par le menu à Antipater selon
qu'elles passoient, il luy mande bien que le roy de la Scythie
luy vouloit bailler sa fille en mariage, mais il ne fait aucune
mention d'Amazones : et dit on que long temps depuis
Onesicritus leut à Lysimachus, qui estoit desjà roy, le
quatrieme livre de son histoire, là où ce conte là de l'Ama-
zone est escrit, et que Lysimachus, en se soubriant luy dit,
« Et où estoye je donques en ce temps là » ? Mais quant à
cela, ny pour le croire on n'aura jà Alexandre en plus grande
reputation, ny pour le descroire en moindre estime.

LXXX. Au reste, craignant que les Macedoniens ennuyez
de ceste longue guerre, ne voulussent plus passer oultre, il
laissa derriere le demourant du peuple de son armée, et prit
seulement vingt mille hommes de pied, et trois mille chevaux,
qui estoient la fleur de tout son exercite, avec lesquelz il
entra dedans le païs de l'Hyrcanie, et là leur feit une

harengue, en laquelle il leur remonstra, que les nations
Barbares de l'Asie ne les avoient veuz qu'en songe, par
maniere de dire, et que s'ilz se retiroient en Macedoine,
n'ayant que seulement emeu, et non de tout poinct subjugué
et dompté l'Asie, les peuples irritez leur courroient sus à
leur retour, ne plus ne moins qu'à des femmes : toutefois
qu'il donnoit bien congé de s'en aller à ceulx qui se voudroient
retirer, en protestant neantmoins à l'encontre de ceulx qui
s'en iroient, qu'ilz l'auroient abandonné au besoing, luy, ses
amis et ceulx qui auroient si bon cueur, que de le vouloir
suivre en une glorieuse intention de vouloir soubmettre
toute la terre habitable à l'empire des Macedoniens. Cela est
ainsi couché et presque en mesmes termes, dedans l'epistre
que Alexandre en escrit à Antipater, là où il met d'avantage
que leur ayant tenu ce propos, ilz se prirent à crier tout
hault, qu'il les menast en tel quartier du monde qu'il voudroit. Quand ceulx là eurent donné leur consentement à son
espreuve, il fut puis après facile de gaigner le reste du
peuple, qui suivit aiseement l'exemple des principaux.

LXXXI. Parquoy il se conforma adonc encore d'avantage
en sa maniere de vivre aux meurs de ceulx du païs, et
réciproquement aussi les meurs de ceulx du païs à ceulx de
la Macedoine, ayant opinion que moyennant ceste meslange
et ceste communication de façons de faire, les choses s'entre-
tiendroient mieulx en bonne paix, union et concorde par
amitié que par force, quand il seroit loing des païs de la
Perse. A l'occasion de quoy il feit choisir trente mille enfans
du païs, auxquelz il feit apprendre les lettres grecques, et les
nourrir et addresser aux armes à la discipline Macedoniene,
ordonnant plusieurs maistres pour les instruire en l'une et en
l'autre. Quand au mariage de Roxane, il fut bien fait par
amourettes, pource qu'il en devint amoureux en un festin où
il la veit, et la trouva belle à son gré et de bonne prise :
mais si vint il aussi à propos pour le bien de ses affaires,
que s'il eust esté fait par meure deliberation de conseil : car
les Barbares en prirent asseurance de luy d'avantage, quand
ilz veirent qu'il contractoit alliance de mariage avec eulx,
et l'en aimerent beaucoup mieulx que devant, quand ilz
considererent en eulx mesmes, que s'estant auparavant tousjours monstré fort continent en telles choses, encore n'avoit

il point voulu toucher ceste jeune dame, de l'amour de laquelle seule il s'estoit trouvé vaincu, sinon en legitime mariage.

LXXXII. Et luy considerant que des deux qu'il aimoit plus cherement, Hephæstion trouvoit bon ce qu'il en faisoit en cela, et qu'il s'accoustroit comme luy, mais que Craterus au contraire retenoit tousjours les façons de faire de son païs, il traittoit d'affaires et negocioit avec les Barbares par l'entremise de celuy là, avec les Grecs et les Macedoniens par l'entremise de cestuy cy : en somme, il aimait plus l'un, et honoroit plus l'autre, estimant et disant que Hephæstion aimoit Alexandre, et Craterus aimoit le roy. Au moyen de quoy ces deux personnages ne se vouloient point de bien l'un à l'autre au fond de leurs cueurs, ains entroient souvent en querelle, tellement qu'une fois en Indie ilz en vindrent jusques à mettre la main aux armes et à desgainner l'un contre l'autre, et y accouroient desjà leurs amis au secours d'une part et d'autre : mais Alexandre y alla aussi, qui en public devant tout le monde tensa fort Hephæstion, l'appellant fol et insensé, de ne cognoistre pas que qui luy osteroit Alexandre, il ne demoureroit plus rien : mais en privé, à part, il reprit aussi bien aigrement Craterus, et les appellant tous deux l'un devant l'autre leur feit faire paix ensemble, jurant par Jupiter Hammon, et par tous les autres dieux, « que « c'estoient bien les deux hommes du monde qu'il aimoit le « mieulx, mais neantmoins que s'il s'appercevoit qu'ilz eussent « plus de differens ensemble, il les occiroit tous deux, ou pour « le moins celuy qui auroit commencé la querelle » : parquoy depuis ceste heure là, on escrit qu'ilz ne feirent ny ne dirent rien l'un à l'autre, non pas en jeu tant seulement.

LXXXIII. Or avoit Philotas filz de Parmenion grande authorité entre les Macedoniens, pource qu'il estoit vaillant homme de sa personne, patient de labeur, liberal, et aimant les siens autant ou plus que nul autre seigneur, qui fust en tout le camp, après Alexandre. Auquel propos on racompte que quelquefois il y eut un de ses amis qui luy demanda de l'argent : il commanda tout aussi tost à son argentier qu'il luy en baillast. L'argentier luy respondit, qu'il n'y en avoit point : et son maistre luy repliqua, « Que dis tu, qu'il n'y en « a point ? n'as tu ny vaisselle, ny accoustrement que tu

« peusses vendre ou engager, pour luy en trouver » ? mais
au demourant il estoit si haultain et si importun à faire
monstre de ses richesses, en se vestant plus superbement,
et se traittant plus curieusement et plus opulentement qu'il
n'appartenoit à homme privé, que cela le faisoit haïr, pource
qu'il contrefaisoit ainsi à faulses enseignes le grand et le magnifique, de mauvais jugement, et avec une mauvaise grace
dont il devint par sa folie suspect et envié de tout le monde,
tellement que son pere mesme luy dit un jour : « Mon filz,
fais toy plus petit ». Il avoit esté ja long temps auparavant
accusé et deferé envers Alexandre, pource que quand le
bagage de l'armée de Darius, qui estoit en la ville de Damas,
fut pris après la bataille de la Cilicie, il y eut plusieurs prisonniers amenez au camp d'Alexandre, et entre les autres
une jeune courtisanne natifve de la ville de Pydne, belle de
visage, laquelle se nommoit Antigone. Philotas trouva moyen
de la recouvrer, et comme jeune homme amoureux qu'il
estoit, en banquetant avec elle se laissoit eschapper de la
bouche bien souvent des paroles ambitieuses et de vaines
vanteries de soudard, en attribuant à luy mesme et à son
pere la plus part des haults faicts d'armes qui avoient esté
executez en toute ceste guerre, et appelant à tout propos
Alexandre, ce jeune garson, et disant que par leur moyen il
jouissoit du nom et tiltre de roy. Ceste femme rapporta ces
propos à un sien familier, et celuy là, comme il se fait ordinairement, à un autre, tant qu'il parvint jusques aux oreilles
de Craterus, lequel prit la femme et la mena devant
Alexandre, qui l'ouit, et l'ayant ouye luy commanda qu'elle
continuast tousjours de hanter avec Philotas, à fin qu'elle luy
rapportast tout ce qu'elle luy entendroit dire. Philotas ne
sachant rien de ceste embusche, tenoit tousjours ceste Antigone auprès de luy, et se permettoit ordinairement de dire
plusieurs paroles folles et indiscrettes à l'encontre du roy,
une fois par courroux, et autrefois par vaine gloire : mais
Alexandre, combien qu'il eust cest vehemente preuve et
accusation à l'encontre de Philotas, la dissimula pourtant
sans en rien faire demonstration quelconque pour l'heure,
fust ou pour l'asseurance qu'il avoit en l'amour et bienvueillance que Parmenion luy portoit, ou pour crainte qu'il
avoit de leur puissance et authorité grande.

LXXXIV. Mais environ ce mesme temps, il y eut un Macedonien nommé Limnus, natif de la ville de Chalæstra, qui espioit en grande solicitude les moyens de faire mourir Alexandre, et estant amoureux d'un jeune garson qui se nommoit Nicomachus, le solicita de le vouloir aider à executer son entreprise : le garson le refuza très bien et descouvrit ceste subornation à un sien frere, qui avoit nom Balinus. lequel s'en addressa à Philotas, et le pria de les introduire tous deux devant Alexandre. pource qu'ilz avoient quelque chose de grande consequence et très necessaire à luy communiquer. Philotas ne les feit point parler au roy, et ne sçait on pourquoy, disant qu'il estoit empesché à quelques autres plus grands affaires : au moyen de quoy ilz s'addresserent à un autre, qui leur donna entrée vers Alexandre, auquel ilz exposerent premierement le faict de la conspiration de Limnus, et feirent aussi en passant mention de ce qu'ilz s'estoient premierement addressez à Philotas, par deux fois, qui n'avoit fait compte de les introduire et les faire parler à luy : cela irrita fort Alexandre, et encore le fut-il plus quand celuy qu'il envoya pour prendre Limnus au corps, le tua, à cause qu'il se meit en defense, et ne se voulut pas laisser prendre, pensant avoir perdu un grand moyen de descouvrir entierement et averer toute la conspiration.

LXXXV. Et pour autant qu'il faisoit mauvais visage à Philotas, il irrita ceulx qui de longue main luy vouloient mal, lesquelz commencerent tout ouvertement, que c'estoit desormais trop attendu au roy, pource qu'il n'estoit point à croire que ce Chalestrien Limnus eust jamais eu la hardiesse d'entreprendre une telle conspiration, et qu'il n'en estoit que le ministre, ou, pour mieulx dire, que l'instrument remué et manié par une plus grande puissance que la siene, et qu'il falloit enquerir de ceste conjuration sur ceulx qui avoient si grand interest à la faire celer. Depuis que Alexandre eut une fois ouvert les oreilles à telles paroles et telles presumptions, il y eut aussi tost mille calumnies proposées à l'encontre de Philotas, de maniere qu'il fut saisy au corps et mis à la torture en presence des autres seigneurs familiers du roy, qu'il commeit à luy faire et parfaire son procès, estant luy mesme caché derriere une tapisserie pour escouter tout ce qu'il diroit : là où l'on compte, qu'ayant ouy les paroles lasches qu'il dit à Hephæstion, en le suppliant d'avoir compassion de luy, et les prieres viles et basses, qu'il luy feit, il dit en soy mesme : « Dea, ayant le cueur si mol et si effeminé, « Philotas, ozois tu bien entreprendre de si grandes choses » ? Tant y a que Philotas fut executé à mort : et incontinent après son execution, Alexandre envoya en diligence au royaume de la Medie, faire tuer aussi Parmenion, qui y estoit son lieutenant, personnage qui avoit servy Philippus en la plus part de ses principaux affaires, et qui seul ou plus que nul des autres anciens serviteurs de son pere, avoit incité Alexandre à entreprendre le voyage de la conqueste de l'Asie, et qui de trois enfans qu'il y avoit menez quant et luy en avoit veu mourir deux devant luy, et puis fut occis avec le troisieme. Ceste execution rendit Alexandre redoutable à plusieurs de ses amis, mesmement à Antipater, lequel envoya secretement devers les Ætoliens traitter soubs main une alliance avec eulx, pource qu'eulx mesmes craignoient aussi Alexandre, à cause qu'ilz avoient destruit les Oeniades : ce qu'Alexandre ayant entendu, dit que ce ne seroient pas les enfans des Oeniades, mais luy mesme qui en feroit la vengeance sur les Ætoliens.

LXXXVI. Non gueres de temps après advint aussi l'inconvenient du meurtre de Clitus, lequel, à l'ouir nuement et simplement reciter sembleroit encore plus cruel que celuy de Philotas : mais en racomptant la cause ensemble, et le temps auquel il advint, on trouvera que ce ne fut point de propos deliberé, ains plus tost par cas d'adventure et de meschef, ayant Alexandre seulement presté l'occasion de son ire et de son vin à la male fortune de Clitus : car voicy comme le cas advint : il estoit arrivé quelques gens des païs bas devers la marine, qui avoient apporté à Alexandre des fruicts de la Grece. Alexandre s'esbahissant de les veoir ainsi beaux et frais, appella Clitus pour les luy monstrer et luy en donner. Clitus d'adventure sacrifioit lors aux dieux, et laissa son sacrifice pour y aller : mais il y eut trois moutons, sur lesquelz on avoit desjà fait les effusions accoustumées pour les immoler, qui le suivirent : ce qu'entendant Alexandre, le communiqua aux devins, Aristander et Cleomantis Laconien, qui tous deux respondirent que c'estoit un mauvais signe. A raison de quoy il ordonna sur l'heure

que lon sacrifiast pour le salut de Clitus, pour autant mesmement, que trois jours auparavant, il avoit eu la nuict en
dormant une vision estrange, pource qu'il luy fut advis qu'il
voyoit Clitus vestu de robe noire assis entre les enfans de
Parmenion qui tous estoient morts : toutefois Clitus n'acheva
point son sacrifice, ains s'en alla soupper chez le roy, qui ce
jour là avoit sacrifié à Castor et Pollux.

LXXXVII. Il fut beu à bon esciant à ce festin, durant lequel
furent chantez quelques vers d'un poëte nommé Pranichus,
ou comme les autres mettent d'un Pierion, composez à
l'encontre de quelques capitaines Macedoniens, qui n'agueres
avoient esté batus par les Barbares, pour leur faire honte, et
apprester à rire à la compagnie, dont les vieux qui estoient
à ce festin, furent malcontens, et injurierent le poëte qui les
avoit faits, et le musicien qui les chantoit. Au contraire
Alexandre et ses mignons y prenoient plaisir, et comman-
doient au chantre qu'il continuast : de quoy Clitus qui estoit
desja un peu surpris de vin, avec ce qu'il estoit de sa nature
homme assez rebours, arrogant et superbe, se courroucea
encore d'avantage, disant que ce n'estoit point bien ny hones-
tement fait d'injurier ainsi, mesmement parmy des Barbares
ennemis, de pauvres capitaines Macedoniens, qui valoient
mieulx que ceulx qui se rioient et se mocquoient d'eulx,
encore qu'il leur fust advenu par fortune quelque malheur.
Alexandre là dessus lui respondit, qu'en disant cela il plai-
doit pour luy mesme, appellant couardise et lascheté, malheur. Et adonc Clitus se dressant sur ses pieds, se prit à luy
repliquer : « Mais ceste miene couardise te sauva la vie, à toy
« qui te dis filz des dieux, lors que tu avois desja tourné le
« dos à l'espée de Spithridates, et le sang que ces pauvres
« Macedoniens ont respandu pour toy, et les bleceures qu'ilz
« ont receuës en combatant pour toy, t'ont fait si grand, que
« tu desdaignes maintenant le roy Philippus pour ton pere,
« et te veux à toute force faire filz de Jupiter Ammon ».
Alexandre picqué au vif de ces paroles, luy repliqua soudain :
« Dea meschant malheureux que tu es, penses tu demourer à
« la fin impuny de telz propos que tu tiens ordinairement à
« l'encontre de moy en mutinant contre moy les Macedoniens » ? Et Clitus luy repliqua, « D'icy et desja sommes
nous assez punis, Alexandre, veu que nous recevons un tel

« loyer de noz travaux et labeurs, que nous tenons pour bien
« heureux ceulx qui sont morts avant que de veoir les
« Macedoniens fouettez de verges Medoises, et contraints de
« prier les Perses pour avoir accès et entrée devers le roy ».

LXXXVIII. Clitus alloit disant la teste levée de semblables
paroles, et Alexandre se soublevoit à l'encontre, et luy disoit
injure : mais les plus vieux taschoient à appaiser la noise et
le tumulte : au moyen dequoy Alexandre se tournant devers
Xenodochus Cardian, et Artemius Colophonien, leur demanda,
« Vous semble il point que les Grecs entre les Macedoniens
« soient comme demi-dieux, se promenans entre bestes sauvages » ? Mais Clitus pour cela ne cedoit point, ny ne diminuoit rien de son audace, ains alloit criant, « qu'Alexandre
« dist publiquement tout hault ce qu'il avoit à dire, ou qu'il
« ne conviast point à venir soupper avec luy des hommes
« libres, et qui avoient accoustumé de parler franchement,
« ains qu'il se teint avec des Barbares esclaves, qui adore-
« roient sa ceinture persiene, et sa longue cotte blanche ».
Adonc Alexandre, ne pouvant plus tenir sa cholere, prit
une pomme de celles que lon avoit servy à sa table, et la
luy jetta à la teste, et chercha son espée, laquelle Aristo-
phanes l'un des gardes de son corps luy avoit expressement
ostée : et comme tous les autres se meissent à l'entour de
luy pour le retenir, et le prier de s'appaiser, il se jetta
neantmoins hors de table, et appella ses gardes en langage
Macedonien, qui estoit signe d'un bien grand trouble, et
commanda à un trompette qu'il sonnast alarme : et pource
qu'il reculoit et ne le vouloit pas faire, luy donna un coup
de poing, dequoy le trompette fut depuis bien estimé, comme
celuy qui avoit seul empesché, que tout le camp ne se muti-
nast. Encore ne fleschissoit point Clitus pour cela, jusques à
ce que ses amis à toute peine le jetterent hors de la salle :
mais il y rentra par une autre porte, prononceant fort audacieusement et irreveremment ce vers de la tragœdie d'Andro-
maque, du poëte Euripides,

Las que les mœurs de Grece se corrompent !

Adonc Alexandre ostant par force à un de ses gardes la
javeline qu'il tenoit en sa main, ainsi que Clitus luy venoit
à l'encontre, et avoit ja levé la tapisserie qui estoit au devant

de la porte, luy en donna tout à travers du corps, dont il tumba tout aussi tost par terre avec un souspir, et un cry qu'il jetta.

LXXXIX. La cholere fut à l'instant mesme passée à Alexandre, qui demoura tout picqué : et voyant ses familiers autour de luy, qui ne disoient mot, retira la javeline du corps pour s'en donner à luy mesme dedans la gorge : mais ses gardes incontinent luy prirent les mains, et l'emporterent malgré luy de là en sa chambre, où il passa toute la nuict et tout le jour ensuivant à plorer amerement, jusques à ce que ne pouvant plus crier ny lamenter, il demoura estendu tout de son long, jettant seulement de profonds souspirs. A l'occasion de quoy, ses amis n'entendans plus sa voix eurent peur, et entrerent par force en sa chambre pour le reconforter : mais il n'en voulut ouïr parler par un, sinon Aristander le devin, qui luy ramena en memoire la vision qu'il avoit euë touchant Clitus en dormant, estant le presage de ce qui devoit advenir : par où lon devoit juger que c'estoit chose fatale, et predestinée avant qu'il fust né. Il sembla qu'il prit pied à ces paroles. Depuis on feit entrer Callisthenes le philosophe allié d'Aristote, et Anaxarchus natif de la ville d'Abdera, dont Callisthenes entrant doulcement en propos, et allant à l'entour sans luy alleguer chose qui le peust offenser, taschoit dextrement à luy amollir son dueil.

XC. Mais Anaxarchus qui dès son commencement avoit tousjours tenu un chemin à part en l'estude da la philosophie, et avoit acquis le bruit d'estre homme escervelé et mesprisant sés compagnons, en entrant dedans la chambre se prit à crier dès la porte tout hault : « Voilà Alexandre le grand, celuy « que toute la terre habitable regarde et redoubte maintenant : « Voi le là jetté par terre plorant comme un esclave pour la « peur qu'il a des lois et du blasme des hommes, comme s'il « ne deust pas luy mesme leur donner la loy, et leur establir « les bornes de ce qui est juste, ou injuste, attendu qu'il a « vaincu pour demourer seigneur et maistre, non pas pour « servir à une vaine opinion. Ne sçais tu pas que les poëtes « disent, que Jupiter a Themis, c'est-à-dire, le droit et la jus- « tice assise à ses costez ? Que signifie cela, sinon que tout ce « que le prince fait, est sainct, droit et juste » ? Ces langages d'Anaxarchus allegerent bien pour lors la douleur du roy

Alexandre, mais aussi rendirent ilz depuis ses meurs bien
plus dissolues en beaucoup de choses, et bien plus violentes :
et comme par ce moyen là il s'insinua soy mesme merveilleusement avant en la bonne grace du roy, autant rendit il la
conversation de Callisthenes, qui de soy mesme n'estoit pas
autrement trop aggreable, à cause de son authorité, encore
plus odieuse qu'elle n'avoit jusques alors esté.

XCI. Auquel propos on racompte qu'un jour au soupper du
roy, on meit en avant un discours touchant les saisons de
l'année et la temperature de l'air, et que Callisthenes fut de
l'opinion de ceulx qui tenoient que la region où ilz estoient
pour lors, estoit plus froide, et que l'hyver y estoit plus aspre
qu'en la Grece. Anaxarchus soustenoit le contraire et contes-
toit opiniastrement à l'encontre, tant que Callisthenes luy dit :
« Si est il force que tu confesses qu'il fait plus froid en ce païs
« cy que en celuy là : car tu passoislà tout l'hyver, avec une
« pauvre simple cappe seulement sur ton doz, et icy tu es cou-
« vert de trois tapis l'un sur l'autre quand tu es à table ». Ceste
attainte poignit au vif Anaxarchus, et l'irrita bien encore plus
asprement : et quant aux autres gens de lettres, rhetoriciens
et flatteurs, ilz le haïssoient aussi semblablement, pource qu'ilz
le voyoient estimé, suivy et honoré des jeunes hommes, à
cause de son eloquence, et non moins aimé des vieux, à cause
de l'honesteté de sa vie, laquelle estoit grave, venerable et
contente du sien, sans qu'il demandast jamais rien. Par où
lon cognoissoit que la cause qu'il alleguoit, pour laquelle il
suivoit Alexandre en ce voyage, estoit veritable : car il disoit
que c'estoit pour impetrer du roy, que ses citoyens bannis
fussent remis en leur païs, et leur ville repeuplée et
rebastie. Mais combien que la bonne reputation qu'il avoit,
fust cause principale de l'envie qu'on luy portoit, si est-ce
que luy mesme donnoit bien aussi quelques occasions à
ses envieux et malvieillans de le calumnier, parce qu'il re-
fuzoit souvent, quant on le convioit, d'aller soupper chez
le roy, et s'il y alloit il ne disoit mot, monstrant par ceste
siene gravité et taciturnité, que ce que lon y disoit et faisoit, ne luy plaisoit point, de sorte qu'Alexandre mesme dit
une fois de luy,

> Je hay celuy, qui d'estre sage faict
> Profession, et ne l'est en son faict.

XCII. Suivant lequel propos on racompte, que souppant un jour chez le roy, il fut requis par plusieurs de ceulx qui avoient aussi esté conviez, de faire à l'improuveu une harengue à la louange des Macedoniens durant le soupper, et qu'il parla sur ce subject là, avec un tel flux d'eloquence, que les escoutans s'en leverent de table, et batans des mains en signe de joye, jetterent plusieurs bouquets et chappeaux de fleurs dessus luy : mais qu'Alexandre allegua lors ce que dit le poëte Euripide,

> Mais aisé n'est de bien dire amplement,
> Quand on en a bel et riche argument,

« Mais monstre nous, dit il, ton eloquence à blasmer les Mace-« doniens, à celle fin que recognoissans ce en quoy ilz faillent, « ilz l'emendent pour en estre meilleurs à l'advenir » : et qu'adonc Callisthenes se tournant à dire tout le contraire, deduisit franchement plusieurs choses au grand desavantage des Macedoniens, monstrant comme la division et dissension des Grecs entre eulx, avoit esté cause de l'accroissement de Philippus, alleguant ces vers :

> Là oú discord regne en une cité,
> Le plus meschant a lieu d'autorité.

A l'occasion dequoy, il suscita encontre soy-mesme une grande et griefve malveuillance des Macedoniens, tellement que Alexandre mesme dit à l'heure qu'il n'avoit pas tant fait monstre de son eloquence, que de sa malignité, et de la mauvaise voulunté, qu'il portoit aux Macedoniens. Hermippus historien escrit qu'un Stroebus serviteur de Callisthenes, qui disoit devant luy, le recita ainsi depuis à Aristote, et que Callisthenes voyant bien que Alexandre s'en estoit offensé, et qu'il luy en vouloit mal, repeta deux ou trois fois ces vers d'Homere en s'en allant,

> Patroclus est luy mesme decedé,
> Qui en vertu t'avoit bien excedé.

A quoy l'on peut veoir clairement qu'Aristote jugea bien quand il dit de ce Callisthenes, qu'il estoit bien homme eloquent, mais qu'il n'avoit point de jugement. Car en rejettant fort et ferme, comme philosophe, l'adoration de faire en s'enclinant et ployant le genouil la reverence au roy, et en disant hault et clair en public, ce que les plus gens de bien et les vieux Macedoniens n'ozoient dire que secrettement en l'oreille, combien qu'ilz en fussent tous fort marris, il delivra bien la Grece d'une grande honte, et Alexandre aussi d'une plus grande, en le divertissant de prochasser telle maniere d'adoration : mais aussi se perdit il soymesme, par ce qu'il sembla qu'il voulust avoir le roy d'audace, et le forcer plus tost, que l'induire par raison.

XCIII. Suivant lequel propos Charès *le Mytilenien* a laissé par escript, que un jour en un festin, Alexandre après avoir beu, tendit sa couppe à l'un de ses amis, lequel la prit, et se levant sur ses pieds, y beut aussi, en se tournant devers l'autel domestique, et faisant premierement une grande reverence alla baiser Alexandre, et puis se meit à table : ce que tous les autres conviez feirent semblablement les uns après les autres, jusques à ce que Callisthenes prit aussi la couppe à son reng, le roy n'y prenant point garde, ains devisant avec Hephæstion, et après avoir beu s'approcha pour le baiser comme les autres : mais qu'il y eut un Demetrius, surnommé *Phidon*, qui dit au roy, « Ne le baise point, sire, car luy seul « ne t'a point fait de reverence » : Alexandre tourna la teste de l'autre costé sans le vouloir baiser, et que Callisthenes adonc cria tout hault, « Et bien de par dieu, je m'en vois « ayant moins que les autres d'un baiser ». Ainsi commencea la malvueillance contre luy à s'imprimer au cueur d'Alexandre, dont il s'ensuivit que premierement Hephæstion fut creu, disant que Callisthenes luy avoit promis qu'il adoreroit et feroit la reverence à Alexandre, mais qu'il luy avoit failly de parole : et puis un Lysimachus, un Agnon, et autres semblables, poulserent encore à la roüe, disans que ce sophiste s'en alloit glorifiant, ne plus ne moins que s'il eust ruiné et aboly une tyrannie, et que tous les jeunes gens le suivoient, et s'amassoient autour de luy par honneur, comme celuy qui seul, entre tant de milliers d'hommes portans les armes, avoit le cueur franc et noble. Et pourtant, quant la conjuration de Hermolaus à l'encontre de la propre personne d'Alexandre vint à estre descouverte, lon trouva la calumnie vray-semblable, que quelques faulx accusateurs proposerent à l'encontre de Callisthenes, qu'il avoit respondu à cest Hermolaus, qui luy demandoit comment il pourroit devenir le plus renommé

homme du monde, « En tuant celuy qui estoit jà le plus
« renommé » : et que pour l'inciter à executer sa conspiration,
il luy avoit dit, qu'il ne falloit point qu'il eust peur d'un lict
d'or, ains se souvenir qu'il avoit à faire à un homme, lequel
estoit aucunefois malade et aucunefois blecé comme les autres.

XCIV. Toutefois il n'y eut jamais pas un des complices de Hermolaus, quelque angoisse de tourmens qu'on leur feist souffrir,
pour leur faire dire qui estoient leurs consors, qui nommast
Callisthenes : et Alexandre mesme escrivant de ce faict,
incontinent après, à Craterus, à Attalus et à Alcetas, dit que les
serviteurs mis à la torture avoient tousjours persisté à dire,
que eulx seuls avoient conspiré contre luy, et que nul autre
n'en estoit consentant. Mais depuis en une autre missive qu'il
en escrivit à Antipater, il en chargea Callisthenes, disant,
« Ses serviteurs ont esté lapidez par les Macedoniens, mais je
« puniray moy mesme le maistre cy après, et ceulx qui me
« l'ont envoyé, et qui ont receu et logé en leurs villes les meur-
« triers, qui venoient de propos deliberé pour me tuer ». En quoy
il descouvre manifestement la mauvaise voulunté qu'il avoit
contre Aristote, pource que Callisthenes avoit esté nourry en
sa maison, à cause de la parenté qui estoit entre eulx, estant
Callisthenes filz de Hero, niepce d'Aristote. Si disent les uns
qu'Alexandre le feit pendre : et les autres, qu'il mourut de
maladie en prison : toutefois Charès escrit, qu'il fut gardé
prisonnier l'espace de sept mois entiers, à fin qu'il fust jugé
en plein conseil present Aristote mesme : mais qu'estant
devenu fort gras, il mourut à la fin de la maladie des poux,
environ le temps qu'Alexandre fut blecé en combatant contre
les Malliens Oxydraques, en la conqueste des Indes, ce qui
fut quelque temps après. Mais Demaratus Corinthien, estant
jà bien avant au declin de son aage, prit envie d'aller veoir
Alexandre, et l'ayant veu de faict, dict que les Grecs qui
estoient decedez au paravant, estoient privez d'un singulier
plaisir, de ne veoir point Alexandre seant dedans le throne
royal de Darius. Toutefois il ne jouit pas longuement de la
bienvueillance que le roy luy portoit, pource qu'il mourut de
maladie bien tost après qu'il fut arrivé en son camp, et luy
furent faittes des funerailles magnifiques, car tout l'exercite
en armes luy dressa un comble de terre en forme de tumbeau,
duquel l'enceincte estoit fort grande, et la haulteur de quatre

vingts couldées. Ses cendres puis après furent conduittes jusques à la coste de la marine dessus un chariot à quatre chevaux, équippé et accoustré sumptueusement.

XCV. Au demourant Alexandre estant prest à partir pour aller à la conqueste des Indes s'advisa que son armée estoit pesante et malaisée à remuer pour la grande multitude de bagage et de butin, qu'elle trainnoit après elle : parquoy un matin que les chariots estoient desjà chargez, il brusla premierement les siens et ceulx de ses amis après, puis commanda que lon meist aussi le feu dedans ceulx des soudards Macedoniens, dont le conseil en sembla plus dangereux au deliberer, que l'execution à l'espreuve ne s'en trouva difficile, pource qu'il y en eut bien peu qui en fussent malcontens, et la plus part, ne plus ne moins que s'ilz eussent esté poulsez et inspirez par quelque esprit divin, avec un cry et un chant de joye, s'entredonnerent les uns aux autres qui en avoient affaire, les ustensiles necessaires dont l'homme ne se sçauroit passer, et puis bruslerent et gasterent eulx mesmes le demourant. Ce qui encouragea et incita Alexandre encore davantage, outre ce qu'il estoit ja devenu un peu severe, et qu'il punissoit aigrement sans pardonner à ceulx qui faisoient faulte : car ayant ordonné à Menander l'un de ses familiers pour luy garder une forte place, il le feit mourir, à cause qu'il n'y voulut pas demourer, et tua luy mesme à coups de traict Orsodates un capitaine Barbare qui s'estoit rebellé et soublevé contre luy.

XCVI. Au reste environ ce temps là y eut une brebis qui feit un agneau, lequel avoit dessus la teste, la forme et la couleur propre d'un chappeau royal à la persienne, qui s'appelle *Tiare*, aux deux costez duquel il y avoit deux genitoires. Alexandre eut ce presage en horreur et abomination, tellement qu'il se feit purifier par quelques presbtres Babyloniens, qu'avoit tousjours accoustumé de mener quant et luy pour cest effet, et dit à ses amis que ce presage ne l'emouvoit pas tant pour le regard de soy, que pour le regard d'eulx, craignant que les dieux après son décès n'eussent destiné de faire tumber la puissance de son empire entre les mains de quelque homme couard et de lasche cueur. Toutefois un autre signe et presage qui advint incontinent après, luy osta ceste crainte et ce descouragement. Car un Macedonien nommé Proxenus

qui avoit charge des meubles du roy, ainsi comme il faisoit
caver en quelque lieu près la riviere d'Oxus pour y dresser
la tente et le logis du roy, descouvrit une source d'humeur
grasse et huileuse, dont après que lon eut epuisé la premiere,
il en sourdit une autre claire, qui ne differoit de rien, ny en
odeur ny en goust et saveur, de l'huile naturelle, ayant le
lustre et la grassesse si semblable, que lon n'y eust sceu
trouver ny cognoistre aucune difference : ce qui estoit de tant
plus esmerveillable, qu'en toute celle contrée il n'y avoit
point d'oliviers. Lon dit bien que l'eau mesme de la riviere
d'Oxus est fort molle, de maniere qu'elle laisse le cuir gras
de ceulx qui s'y lavent ou s'y baignent : toutefois on voit bien
par ce qu'Alexandre luy mesme en escrit à Antipater, qu'il
en fut fort aise, mettant cela entre les plus grands signes que
les dieux luy eussent envoyez. Les devins luy interpreterent
ce presage, que c'estoit signe que son voyage luy seroit glorieux,
mais penible et laborieux, à cause que les dieux, disoient ilz,
ont donné l'huile aux humains pour un refreschissement en
leurs travaux.

XCVII. Aussi encourut-il en plusieurs griefz dangers, et fut
blecé à bon esciant par plusieurs fois en combatant en ce
voyage. Mais la principale perte qu'il y feit de ses gens vint
de faulte de vivres et du mauvais air : mais luy s'efforceant
de surmonter fortune par hardiesse, et sa puissance par vertu,
n'estimoit rien imprenable à cueur vaillant et hardy, ny rien
trop fort pour un courage ferme et asseuré. Auquel propos
on recite, que comme il allast mettre le siege devant la roche de
Sisimethres, qui sembloit du tout inaccessible, de maniere que
les soudards en desesperoient, il demanda à Oxiarthes quel
cueur avoit ce Sisimethres. Oxiarthes luy feit response que
c'estoit le plus couard homme de tout le monde. « Cela va
« bien, dit adonc Alexandre, car la place est doncques pre-
« nable, s'il est vray ce que tu dis, puis que celuy qui y com-
« mande n'a point de cueur » : et de faict il la prit par la
frayeur qu'il feit à Sisimethres : mais il en assiegea depuis
encore une autre, aussi roide et aussi difficile à approcher
que celle là, et y faisant aller les jeunes soudards Macedoniens à l'assaut, en appella l'un qui se nommoit Alexandre
comme luy, et luy dit : « Il fault bien que tu te monstres
« aujourd'huy homme de bien, quand ce ne seroit que pour

« le nom que tu portes ». Le jeune homme n'y faillit pas, car il y combattit si hardiment qu'il y fut occis, dequoy Alexandre fut fort desplaisant.

XCVIII. Une autre fois comme ses gens craignissent d'approcher la ville de Nyse pourautant que le long d'icelle passe une riviere profonde, il se presenta sur la rive, et dit : « O lasche que je suis, que n'ay-je appris à nager » ? et voulut traverser la riviere à nage sur son escu : mais après qu'il eut fait cesser le combat de l'assault, il vint devers luy des ambassadeurs des villes assiegées, pour luy requerir pardon, lesquelz furent bien esbahis premierement de le veoir armé de toutes pieces, sans cerimonie à l'entour de sa personne : mais plus encore, quand luy estant apporté un quarreau, il commenda au plus vieil d'entre eulx, qui s'appelloit Acuphis, qu'il le prist pour se seoir. Acuphis s'esmerveillant de ceste grande courtoisie et humanité luy demanda quelle chose il vouloit que eulx feissent pour desormais estre ses bons amis, « Je veux, luy respondit il, que ceulx au nom desquelz tu « viens en ambassade devers moy, t'elisent pour leur prince, « et qu'ilz m'envoyent pour ostages, cent les plus gens de « bien qui soient entre eulx ». Acuphis se prit à rire de ce commandement, et luy repliqua : « Voire mais, sire, je les « regiray bien mieulx et plus facilement en t'envoyant les « pires qu'en t'envoyant les meilleurs ».

XCIX. Il y avoit aussi un roy nommé Taxiles, qui tenoit un païs aux Indes de non moindre estendue, à ce que lon dit, que toute l'Ægypte, gras en pasturages, et abondant de tous fruicts autant qu'il y en ait point au monde, et si estoit homme sage, lequel après avoir salué Alexandre, luy dit : « Qu'avons nous besoing de nous combattre et faire la guerre « l'un à l'autre, Alexandre, si tu ne viens point pour nous « oster l'eau ni le demourant de ce qui est necessaire pour « nourriture ? pour lesquelles choses seules, les hommes de « bon sens doivent entrer en combat : car quant aux autres « biens et richesses, si j'en ay plus que toy, je suis tout prest « et appareillé de t'en departir des miens : et si j'en ay moins, « je ne refuze pas de t'en remercier si tu m'en veux donner « des tiens ». Alexandre ayant pris plaisir à l'ouïr ainsi sagement parler, l'embrassa et luy dit : « Cuides tu que ceste « entreveuë nostre se puisse desmesler sans combatre

« nonobstant toutes ces bonnes paroles et ces amiables
« caresses? non, non, tu n'y as rien gaigné : car je te veux
« combattre et te combatray de courtoisie et d'honesteté, à
« fin que tu ne me surmontes point en beneficence et bonté ».
Ainsi recevant de luy plusieurs beaux presens, et luy en donnant encore d'avantage, finablement à un soupper, en beuvant
à luy, il luy dit, « Je boy à toy mille talens d'or monnoyé ».
Ce present fascha bien ses familiers : mais en recompense il
luy gaigna bien aussi les cueurs de plusieurs princes et seigneurs Barbares du païs.

C. Or y avoit il quelque nombre de gens de guerre Indiens
les plus belliqueux de tout le païs, qui vivans de la soude
ordinairement, se mettoient au service des bonnes villes
franches, et les défendoient vaillamment, faisans baucoup de
maux et d'empeschemens en plusieurs endroits à Alexandre,
lequel ayant fait appointement avec eulx dedans une ville, où
ils s'estoient enfermez, quand ilz en furent sortiz sur la fiance
de l'appointement qu'ilz avoient fait, il les rencontra par le
chemin ainsi comme ilz se retiroient, et les meit tous au fil
de l'espée. Il n'y a que ceste seule tache en tous ses haults
faicts d'armes, qui ternisse un peu son honneur : car au
demourant, il s'est toujours en tout et par tout porté justement
et royalement en toutes ses guerres. Au demourant les
philosophes et gens de sçavoir des Indiens ne luy donnoient
pas moins d'affaire, pource qu'ilz alloient blasmans et tensans
les princes et roys qui se rendoient à luy, et faisoient prendre
les armes aux citez franches à l'encontre de luy, à raison
dequoy il en feit pendre plusieurs.

CI. Quant au roy Porus, Alexandre luy mesme en ses
epistres descrit au long ce qu'il feit contre luy : car comme
la riviere de Hydaspes courust entre les deux armées, Porus,
tenoit tousjours ses elephans sur l'autre rive en bataille, les
testes tournées devers les ennemis, pour les engarder de passer,
et luy faisoit tous les jours mener grand bruit, et faire grand
tumulte en son camp, à fin d'accoustumer les Barbares à ne
s'en estonner point, et ayant choisy une nuict fort obscure,
que la lune ne luisoit point, il prit une partie de ses gens de
pied, et la fleur de sa chevalerie, et s'en alla bien loing des
ennemis passer en une isle, qui n'estoit pas gueres grande, là
où passé qu'il fut, il se leva un orage impétueux de pluyes,

vents, esclairs et tonnerres, qui tumboient dedans son camp, tellement qu'il veit devant ses yeux plusieurs de ses gens, qui furent ars et bruslez par la foudre en ceste petite isle : mais pour cela il ne laissa pas de vouloir comment que ce fust, gaigner l'autre rive. Or la rivière estant enflée des grandes pluyes qu'il avoit faict la nuict precedente, rompit une grande ouverture par où bonne partie de l'eau s'escouloit : ainsi se trouva il, quand il fut passé sur l'autre bord de la riviere, entre deux eaux mal asseuré, et n'ayant pas le pied ferme, pource que la terre y estant fort trempée, glissoit, et l'impetuosité de la riviere la minoit et rompoit d'un costé et d'autre. Ce fut là où lon escrit qu'il dit : « O Atheniens, pourriez vous « bien croire, combien de travaux et de dangers j'endure pour « estre loué de vous »? Toutefois c'est Onesicritus qui le met ainsi quant à ce poinct là : mais luy mesme escrit qu'ilz laisserent là les radeaux, sur lesquelz ilz avoient passé le grand cours de la riviere, et qu'ilz traverserent avec leurs armes sur leurs dos, le bras qui s'escouloit par la rupture, estans dedans l'eau jusques aux mamelles, et qu'ayant à la fin passé, il picqua avec sa chevalerie environ cinq quarts de lieuë devant la bataille de ses gens de pied, faisant son compte que si les ennemis le venoient chocquer avec leur gendarmerie, il se trouveroit de beaucoup le plus fort, et que s'ilz poulsoient en avant leurs gens de pied, les siens y pourroient bien arriver assez à temps. L'un des deux advint comme il l'avoit imaginé : car mille chevaux et soixante chariots armez des ennemis se jetterrent devant leur grosse trouppe, qu'il desfeit, et prit tous les chariots, et des hommes d'armes en demoura quatre cents de morts sur le champ.

CII. Parquoy Porus cognoissant à telles enseignes qu'Alexandre en personne estoit passé, luy marcha adonc à l'encontre avec toute son armée en bataille, exceptée quelque partie qu'il laissa derriere pour faire teste au reste des Macedoniens, s'ilz s'efforceoient de passer la riviere. Alexandre donques craignant la multitude grande de ses ennemis, et la violence de leurs elephans, ne donna pas de front dedans le milieu, ains estant en la poincte gauche de sa bataille, chargea sur un coing de celle des ennemis, ayant ordonné à ceulx qui estoient en la droitte d'en faire autant de leur costé tout ensemble : ainsi furent les deux coings de l'armée des ennemis rompus et tournez en fuitte, mais ceulx qui y avoient esté forcé se retirerent vers leurs elephans, et se rallierent à l'entour d'eulx. Par ce moyen estant la bataille meslée, le combat y fut long, tellement qu'à peine furent les Barbares desconfits entierement à trois heures après midy. Ainsi le descrit en ses epistres, celuy mesme qui gaigna la journée. Au reste la plus part des historiens s'acorde à escrire, que Porus avoit quatre couldées et un palme de hault, et qu'estant monté dessus un elephant, il ne s'en falloit rien qu'il ne respondist en haulteur, grandeur et grosseur, à la proportion de sa monture, combien que ce fust un fort grand elephant, lequel monstra en ce combat une merveilleuse prudence naturelle, et un grand soing de sauver le roy son maistre : car tant qu'il le sentit encore fort, il repoulsa tousjours courageusement et reboutta ceulx qui luy couroient sus : mais quand il apperceut, que pour les coups de traict et autres bleceures qu'il avoit receuës sur son corps, le cueur luy commmençoit à faillir, alors craignant qu'il ne tumbast en terre, il se baissa tout bellement à genoux, et prenant doulcement avec sa trompe les dards et traicts qu'il avoit dedans le corps, les luy tira tous l'un après l'autre dehors.

CIII. Estant donques ce roy Porus pris, Alexandre luy demanda comment il le traitteroit. Porus luy respondit qu'il le traittast royalement. Alexandre luy redemanda s'il vouloit rien dire d'avantage, et il respondit de rechef, que le tout se comprenoit soubs ce mot *royalement.* Parquoy Alexandre ne luy laissa pas seulement les provinces dont il estoit roy au paravant, pour de là en avant les tenir de luy comme satrape, en forme de gouvernement, mais aussi luy adjouxta encore beaucoup de païs. Et ayant aussi subjugué les peuples francs et libres, dont il avoit jusques à quinze nations, cinq mille villes assez bonnes, sans un nombre infiny de villages, et encore trois fois autant d'autre païs, il en establit gouverneur et satrape un de ses familiers, qui s'appelloit Philippus. En ceste bataille mourut son bon cheval *Bucephal,* non sur le champ, mais depuis, ainsi comme on le pensoit des bleceures qu'il y avoit receuës, ou comme dit Onesicritus, de vieillesse, pour avoir trop travaillé veu son aage, car il avoit trente ans quand il mourut : dont Alexandre eut aussi grand regret, comme s'il eust perdu quelque sier

familier amy, en tesmoignage dequoy il feit bastir une grosse
ville au lieu où son corps fut enterré sur la riviere d'Hydaspes,
qu'il appella de son nom *Bucephalie*. Lon dit aussi qu'ayant
perdu un chien nommé *Peritas*, qu'il avoit nourry et qu'il
aimoit, il feit semblablement bastir une ville qu'il appella de
son nom. Sotion escrit qu'il l'avoit ainsi entendu de Potamon
le Lesbien.

CIV. Ceste dernière bataille contre le roy Porus, feit rebou-
cher les cueurs des Macedoniens, et les desgousta de passer
oultre à la conqueste du demourant des Indes : car considé-
rans qu'ilz avoient eu tant de peine à le rompre, encore qu'il
n'eust que vingt mille hommes de pied, et deux mille chevaulx, ilz desdirent fort et ferme Alexandre, quand il les
cuida à toute force faire encore passer la riviere de Ganges,
entendans dire aux gens du païs qu'elle avoit deux lieues de
large, et cent brasses de profond, et que la rive de delà
estoit toute couverte d'armes, de chevaux et d'elephans,
pource que lon disoit que les roys des Gangarides et des
Præsiens l'attendoient avec quatre vingts mille combatans à
cheval, et deux cents mille à pied, huit mille chariots de
guerre bien armez, et six mille elephans aguerris. Si n'estoit
point cela un compte faulx, augmenté et enrichy à plaisir :
car un roy nommé Androcottus qui regna peu de temps
après, donna à Seleucus cinq cents elephants pour un coup,
et avec une armée de six cents mille combatans traversa,
conquit et subjugua toutes les Indes.

CV. Alexandre donques irrité et courroucé du refus de ses
gens, se teint quelques jours renfermé en sa tente couché par
terre, disant, qu'il ne leur sçavoit gré aucun de tout ce qu'ilz
avoient fait jusques à là, s'ilz ne passoient encore la riviere
de Ganges, et que le retourner en arriere n'estoit autre
chose, que confesser avoir esté vaincu. Mais quand il veit et
considera qu'il y avoit grande apparence aux remonstrances
que ses amis luy faisoient pour le reduire et reconforter, et
que les soudards venoient à sa porte crier et lamenter, en le
suppliant de les remener, il en eut à la fin compassion, et se
laissa conduire à vouloir retourner : toutefois avant que partir il imagina plusieurs faulses et vaines inventions, pour
augmenter et perpetuer la gloire de son nom en ces quartiers
là : car il feit forger des armes plus grandes, des mangeoires

pour les chevaux plus haultes, et des mords de brides plus pesans que l'ordinaire, et les feit semer et laisser çà et là. Il y feit aussi bastir de grands autelz à l'honneur des dieux, que les roys des Præses jusques aujourd'huy ont encore en veneration grande, et traversans la riviere y vienent faire des sacrifices à la guise des Grecs. Androcottus estoit lors un jeune garson, qui veit Alexandre, et depuis dit qu'il s'en fallut bien peu qu'il ne prist et gaignast tout le païs, tant le roy qui regnoit pour lors, estoit mesprisé et haï de ses subjects pour sa meschanceté, et pour la bassesse du lieu dont il estoit issu. Au partir de là, il voulut aller veoir la grande mer Oceane, et feit faire plusieurs bateaux à rames, et plusieurs radeaux, sur lesquelz il se devalla tout à son aise par les rivieres : mais ceste navigation ce pendant ne fut point oisifve ny sans guerre : car il descendoit souvent en terre, et alloit assaillant les villes, et conquerant tout par où il passoit.

CVI. Mais en assaillant la ville des Malliens, que lon dit estre les plus belliqueux hommes de tous les Indiens, il s'en fallut bien peu qu'il ne fust luy mesmes mis en pieces : car ayant fait retirer à coups de traict ceulx qui defendoient les murailles, il monta dessus le premier par une eschelle, laquelle rompit aussi tost qu'il fut monté : et adonc les Barbares se rallians ensemble tout contre la muraille, luy tirerent d'embas force coups, et luy ayant bien peu de ces gens autour de soy, se lancea, en se tenant serré, du hault à bas au beau milieu des ennemis, là où de bonne adventure, il se trouva, en tumbant, sur ses pieds : et comme ses armes eussent sonné de la secousse, les Barbares effroyez, cuiderent veoir une lumiere et un fantosme qui marchast devant luy, de façon qu'ilz se prirent à fouir du commencement, et s'escarterent les uns çà, les autres là : mais depuis s'estans un peu revenus de l'effroy, quand ilz apperceurent qu'il n'y avoit que deux de ses escuyers seulement autour de luy, ilz recoururent tous contre luy, et le combatirent les uns de près à coups d'espée ou de javeline, dont ilz le blesserent à travers son harnois : et un entre les autres soy tenant quelque peu plus arriere, luy tira un coup de fleche si violent et si roide qu'il luy faulsa la cuirace, et luy entra dedans les costes à l'endroit de la mamelle. Le coup fut si grand, que le corps s'en laissant aller, ploya le genouil en terre : parquoy celuy qui luy avoit tiré accourut vistement avec son cymeterre tout nud en la main, mais Peucestas et Limnæus se jetterent au devant, qui tous deux furent blecez, tellement que Limnæus en mourut sur la place, et Peucestas feit teste, tant qu'Alexandre luy mesme tua le Barbare de sa main après avoir receu plusieurs playes et bleceures sur son corps. Finablement il luy fut deslasché un coup de pilon sur le col, duquel se trouvant estourdy, il s'appuya contre la muraille regardant les ennemis : mais à l'instant accoururent les Macedoniens de tous costez, qui le prirent et l'emporterent dedans sa tente tout pasmé, et ayant desjà perdu toute cognoissance : à l'occasion dequoy, il courut incontinent un bruit par tout le camp, qu'il estoit mort. Si y eut grande difficulté et beaucoup d'affaire à sier la flèche, qui estoit de bois ; ainsi luy estant sa cuirace à toute peine ostée, il fallut encore tirer le fer de la fleche, lequel estoit fiché dedans l'un des os, ayant quatre doigts de long et trois de large, à ce que lon dit : au moyen dequoy en le luy arrachant, il luy prit tant d'esvanouissemens, qu'il approcha bien près de rendre l'esprit : toutefois à la fin il se revint et eschappa de ce danger ; mais se sentant fort foible, il demoura long temps à tenir diette, et à se faire achever de penser, sans sortir du logis, jusques à ce qu'il entendit les Macedoniens, qui crioient et menoient un grand bruit devant son logis, pour le desir qu'ilz avoient de le veoir. Et adonc il prit une robbe longue, et sortit en public : puis après avoir sacrifié aux dieux pour le recouvrement de sa santé, il se remeit de rechef en chemin, sur lequel il subjugua encore plusieurs grands païs, et prit beaucoup de bonnes villes.

CVII. Il prit aussi dix des sages du païs, qui vont tous nuds, et que lon appelle pour ceste cause Gymnosophistes, lesquelz avoient fait rebeller Sabbas contre luy, et avoient fait beaucoup de grands maulx aux Macedoniens : et pource qu'on les tenoit pour les plus agus, plus subtilz et plus courts en leurs responses, il leur proposa plusieurs questions, qui sembloient insolubles, leur commandant de les soudre, autrement qu'il feroit mourir celuy qui auroit le premier failly à bien respondre, et tous les autres après : et voulut que l'un qui estoit le plus vieil de tous, fust le juge de leurs responses.

La demande qu'il feit au premier fut, « Lesquelz il estimoit
« estre en plus grand nombre, les morts ou les vivans. Il res-
« pondit, que c'estoient les vivans : pource, dit-il, que les
« morts ne sont plus. Au second il demanda, laquelle nourris-
« soit de plus grandes bestes, la terre ou la mer. Il respondit
« la terre, pource que la mer n'est qu'une partie d'icelle. Au
« troisieme, lequel est le plus fin des animaulx. Il respondit,
« celuy que l'homme n'a point encore cogneu. Au quatrième,
« pourquoy il avoit fait rebeller Sabbas : à fin, dit-il, qu'il
« vescust honorablement, ou qu'il mourust malheureusement.
« Au cinquieme, lequel avoit esté le premier, le jour ou la
« nuict. Il respondit, le jour a precedé d'un jour. Et comme
« le roy trouvast ceste response estrange, il y adjouxta, A
« demandes estranges, il est force que les responses soient
« aussi estranges. Parquoy passant oultre, il demanda au
« sixieme, par quel moyen se pourroit l'homme plus faire
« aimer. En estant très bon, et ne se faisant point craindre. Au
« septieme il demanda comment se pourroit un homme faire
« dieu. En faisant, respondit il, quelque chose impossible à
« l'homme. Au huitieme, laquelle estoit la plus forte, la vie
« ou la mort : il respondit, la vie, veu qu'elle supporte tant
« de maux. Et au dernier, Jusques à quel aage est il expedient
« que l'homme vive? Jusques à tant, dit il, qu'il n'estime
« point le mourir meilleur que le vivre ». Ces responses
ouyes, il se tourna devers le juge, luy commandant de pro-
noncer sa sentence sur icelles. Le juge dit, « Qu'ilz avoient
« tous respondu, l'un pis que l'autre ». « Tu mourras doncques
« toy mesme le premier, luy dit adonc Alexandre, ayant
« donné une telle sentence ». « Non feray pas, repliqua il,
« sire, si tu ne veux estre menteur, attendu que tu as dit,
« que tu ferois mourir le premier, celuy qui auroit pirement
« respondu ». La fin fut, qu'il les laissa aller, en leur donnant
encore des presens.

CVIII. Il envoya aussi Onesicritus devers les autres sages
Indiens qui estoient les plus estimez, et reputez les plus gens
de bien vivans à part en repos, pour les prier de venir
devers luy. Cestuy Onesicritus avoit esté des disciples de
Diogenes le Cynique, auquel on dit que Calanus un de ces
sages respondit fort arrogamment et fierement, qu'il despouil-
last ses habillemens pour ouïr ses paroles tout nud, autre-

ment qu'il ne parleroit point à luy, non pas s'il venoit de la part de Jupiter mesme : mais Dandamis luy respondit plus gracieusement : et l'ayant ouy compter quelz hommes avoient esté Socrates, Pythagoras et Diogenes, il dit que ces personnages là luy sembloient avoir esté bien nez et de bon entendement, mais qu'ilz avoient trop reveré les loix en leur vie : toutefois les autres escrivent que Dandamis ne dit autre chose, sinon qu'il demanda pour quelle cause Alexandre avoit fait un si long chemin, que d'estre venu jusques aux Indes. Quant à Calanus, le roy Taxiles feit tant envers luy, qu'il luy persuada de s'en aller devers Alexandre. Il s'appelloit par son droit nom *Sphines* : mais pource qu'il saluoit ceulx qu'il rencontroit en son langage Indien : disant *Cale*, qui estoit autant à dire comme, dieu vous gard, les Grecs le surnommerent *Calanus* : et dit on qu'il meit devant les yeux d'Alexandre une figure et exemple de son empire : ce fut qu'il jetta en terre devant luy un cuyr tout sec et retrait de grande secheresse, puis meit le pied sur un des bouts. Le cuyr baissé de ce costé là, se releva en tous les autres, et tournoyant tout à l'environ en marchant tousjours sur les bords, luy feit veoir, que le cuyr pressé d'un costé se relevoit semblablement par tout ailleurs, jusques à ce qu'il vint à mettre le pied sur le milieu du cuyr : et lors le total se teint également bas. Voulant donner à entendre par ceste similitude à Alexandre, qu'il devoit principalement et le plus du temps resider au milieu de ses païs, et non point s'en esloigner trop loing.

CIX. Au reste le voyage que feit Alexandre par les rivieres, pour aller veoir la grande mer Oceane, dura sept mois entiers : et y entrant sur des navires, y naviga jusques en une petite isle qu'il appella Scyllustin, mais les autres l'appellent *Psitulcin*, là où il descendit, et y feit des sacrifices aux dieux, et y considera la nature de la grande mer Oceane, et la qualité de toute celle coste de marine, autant comme il y peut penetrer. Puis ayant fait prieres aux dieux, que jamais conquerant après luy ne passast oultre les bornes de son voyage, il s'en retourna arriere de la marine : mais il voulut que ses vaisseaux, qui estoient en mer, feissent le circuit, en laissant le païs des Indes à la main droitte, establissant pour capitaine de toute la flotte Nearchus, et pour principal pilote

Onesicritus. Et ce pendant luy mesme se meit en chemin par
terre à travers le païs des Orites, là où il se trouva en extreme
necessité de vivres, et y perdit beaucoup d'hommes : tellement qu'il ne ramena pas des Indes la quatrieme partie des
gens de guerre qu'il y avoit menez, qui estoient jusques au
nombre de six vingts mille combatans à pied, et bien quinze
mille chevaux : car les uns mouroient de maladies aiguës :
les autres pour avoir mangé de mauvaises choses : les autres
pour les chaleurs et secheresses extremes : mais la plus part
mouroit de male faim, en traversant le païs non cultivé ne
semé, de ces pauvres gens qui vivoient fort durement, n'ayans
pour tous moyens qu'un peu de petites brebis, qu'ilz nourris-
sent de poissons de mer, dont leur chair est de mauvaise
senteur. A la fin ayant traversé ce païs avec beaucoup de
peine en l'espace de soixante journées, il entra en la Gedrosie, là où il trouva abondance grande de tous vivres, dont
luy feirent provision les gouverneurs, princes et roys les
plus voisins de celle marche.

CX. Après doncques avoir là un peu refreschy son armée,
il se remeit en chemin à travers la Carmanie, où il fut l'espace
de sept jours durant à banqueter continuellement, en passant
tousjours païs : car il estoit dessus un eschaffault plus long
que large, hault elevé, et trainné par huit coursiers, en conti-
nuel festin, avec ses plus privez amis, la nuict et le jour :
après lequel eschaffault suivoient plusieurs chariots couverts,
les uns de belles tapisseries et de riches draps de pourpre,
les autres de belle ramée fresche que l'on renouvelloit à
chaque bout de champ, où estoient ses autres amis et capitaines tous couronnez de chappeaux de fleurs, qui beuvoient
et faisoient bonne chere ensemble. Lon ne voyoit n'y armet,
ny lance, picque ny rondelle en toute l'armée : ains par tout
ce chemin les soudards avec flascons, couppes, tasses et
gobelets d'or et d'argent puisoient le vin dedans de grandes
pippes et tonneaux defoncez, dont ilz beuvoient les uns aux
autres, aucuns en marchant par les champs et tirant tousjours
avant, autres assis à table : et ne oyoit on que flustes et
haultsbois, aulbades, chansons, et danses de femmes qui
balloient et follastroient par tout ce chemin : car parmy
ceste dissolue maniere de marcher par païs, et parmy
toutes ces yvrongneries estoit meslé un jeu, que chacun

s'esfforceoit de contrefaire toutes les insolences des Bacchanales, comme si le dieu Bacchus y eust esté present en personne, et qu'il eust luy mesme guidé et conduit toute ceste mommerie. Quand il fut arrivé au chasteau royal de la Gedrosie, il y sejourna encore quelques jours pour refreschir son armée, en festes, banquets et festins, là où l'on dit qu'un jour après avoir bien beu, il alla veoir le jeu de prix de danses, entre lesquelles, celle qu'avoit dressée et deffrayée Bagoas un jeune homme, dont Alexandre estoit amoureux, emporta la victoire, et que ce Bagoas, tout ainsi vestu qu'il estoit des accoustremens du bal, passa à travers le theatre, et s'alla seoir tout joignant Alexandre, dequoy les Macedoniens furent si aises, qu'ilz se prirent à battre des mains et à mener un grand bruit de joye, luy crians tout hault qu'il le baisast, tant qu'à la fin il le prit entre ses bras, et le baisa devant tout le monde. Là le revint trouver Nearchus, qui luy racompta tout ce qu'ilz avoient fait et veu en leur navigation : dequoy il fut si aise, qu'il luy prit envie de naviger luy mesme, entrant par la bouche de l'Euphrates en l'Ocean avec une bonne et grosse flotte de vaisseaux, et s'en aller environner toutes les costes de l'Arabie et de l'Afrique, pour puis après rentrer dedans la mer Mediterranée par le destroit des coulonnes de Hercules : à laquelle intention il feit bastir grand nombre de vaisseaux en la ville de Thapsaque, et assembloit on desjà matelots, pilotes et mariniers de tous costez.

CXI. Au demourant la difficulté du voyage qu'il entreprit pour la conqueste des Indes, le danger où il fut en combatant contre les Malliens, avec le grand nombre que l'on disoit qu'il avoit perdu de ses gens en ceste expédition, toutes ces causes ensemble faisans croire qu'il n'en retourneroit jamais à sauveté, donnerent la hardiesse aux peuples, qu'il avoit ja conquis, de se soublever, et à ses lieutenans et gouverneurs de provinces, occasion de commettre mille meschancetez, pilleries et oppressions de peuples. Brief, cela meit tout son estat en grand branle, et y causa de grandes nouvelletez, et tant que Olympias et Cleopatra entrées en dissension à l'encontre d'Antipater, diviserent entre elles deux son gouvernement, prenant Olympias pour soy le royaume d'Epire, et Cleopatra celuy de Macedoine. Ce qu'entendant Alexandre, dit, que sa mere avoit esté la mieux advisée : pource que jamais les Macedoniens n'eussent enduré d'estre regis et gouvernez par une femme. A ceste cause il renvoya de rechef Nearchus vers la marine, deliberant d'emplir de rechef d'armes et de guerre toutes les costes et toutes les provinces maritimes : Et luy mesme en personne visitant les païs esloignez de la marine, alla punissant les capitaines et gouverneurs qui avoient mal versé en leur charge, entre lesquelz il tua de sa propre main avec un coup de picque, qu'il luy passa au travers du corps, Oxyarthes, l'un des enfants d'Abulites. Et comme Abulites luy mesme n'eust fait aucune provision de vivres pour son armée, ains luy eust preparé et amené trois mille talents seulement, il luy feit mettre l'argent devant ses chevaux, lesquelz n'en gousterent aucunement : et lors il luy dit. « Que me sert donques maintenant ta provision »? et quant et quant le feit arrester prisonnier.

CXII. Et en passant par le païs de Perse premierement il renouvella la coustume anciene, qui estoit, que toutes et quantes fois que les roys retournoient d'aucun loingtain voyage, ilz donnoient à toutes les femmes un escu pour teste, de sorte que l'on dit que pour ceste cause aucuns de leurs roys naturelz ne retournoient pas souvent au païs, et que Ochus entre les autres n'y fut jamais une seule fois, se bannissant ainsi voluntairement de son païs, pour la chicheté et crainte de faire ceste despense : et puis y ayant trouvé la sepulture de Cyrus descouverte et fouillée, il feit mourir celuy qui l'avoit fait, combien qu'il fust natif de Pella en Macedoine, homme de qualité, nommé Polymachus : et en ayant leu l'inscription qui estoit escripte en lettres et paroles persienes, il voulut qu'on l'escrivist aussi en lettres grecques au dessoubs, et estoit la substance de l'inscription telle : « O homme, qui que tu « sois, et de quelque part que tu vienes, car je suis asseuré « que tu viendras : Je suis Cyrus, celuy qui conquit l'Empire « aux Perses : et te prie que tu ne me portes point d'envie « de ce peu de terre qui couvre mon pauvre corps ». Ces paroles emeurent grandement à compassion le cueur d'Alexandre, quand il considera l'incertitude et l'instabilité des choses humaines.

CXIII. Et là mesme Calanus ayant esté un peu de temps indisposé de flux de ventre, requit qu'on luy dressast un bucher tel que l'on fait pour brusler le corps d'un trespassé, là où il alla à cheval : et après avoir fait sa priere aux dieux espandit sur soy mesme les effusions que l'on a accoustumé, de respandre aux funerailles des trespassez : et ayant couppé un touffeau de ses cheveux, avant que monter dessus le bucher, il prit congé de tous les Macedoniens, qui estoient là presens, en leur touchant en la main, les priant de faire ce jour là bonne chere et banqueter avec le roy, lequel il reverroit bien tost après dedans la ville de Babylone. Ayant dit ces paroles il se coucha de son long sur le bucher, et se couvrant le visage, ne se remua onques, quand le feu s'approcha et l'alla saisir : ains se maintenant tousjours en la mesme disposition qu'il s'estoit couché, sans remuer ne pied ne main, se sacrifia luymesme, selon que le portoit la coustume des sages du païs. Autant en feit, plusieurs années depuis, un autre Indien, qui estoit à la suitte de Cæsar en la ville d'Athenes, et y monstre lon encore jusques aujourd'huy, une sepulture que lon nomme communement, la sépulture de l'Indien. Alexandre retourné de veoir ce feu, convia plusieurs de ses amis et de ses capitaines à soupper quant et luy, là où il proposa une couronne en prix à celuy qui beuroit le mieulx. Celuy qui beut le plus fut un nomme Promachus, qui but jusques à quatre brocs de vin, et gaigna la couronne, qui valoit six cents escus, mais il ne vescut que trois jours après : et des autres qui jouerent à ce jeu de boire à l'envy, il en mourut quarante et un, comme Charès l'a escrit, pource qu'il survint un fort grand froid sur leur yvresse et leur vin.

CXIV. Quand ilz furent en la ville de Suse, il y feit les nopces de ses plus familiers, et y espousa luy mesme Statira, l'une des filles de Darius, departant semblablement les autres dames Persiennes, selon qu'elles estoient de plus grand sang et de plus hault lignage, aux plus grands de ses amis. Si feit un festin solennel des espousailles publiques des Macedoniens, de ceulx mesmes qui par avant avoient esté mariez, auquel festin, on escrit que y ayant neuf mille personnes assises à table, à chascune fut donnée une couppe d'or, pour espandre et offrir du vin à l'honneur des dieux : et là, oultre les autres magnificences admirables qu'il feit, il acquitta toutes les debtes des Macedoniens, lesquelles monterent à la somme de dix mille talents, cent et trente moins. Mais comme Antigenes le

borgne se fust fait enroller à faulses enseignes entre les
endebtez, ayant amené un qui affermoit luy avoir presté argent
à la banque, il feit payer l'argent : mais depuis on avera contre
luy qu'il n'en estoit rien, dont Alexandre fut si courroucé
contre luy, qu'il l'en chassa de sa cour, et le priva de son
estat de capitaine, combien que ce fust un vaillant homme à
la guerre : car estant encore jeune, il eut un coup de traict
dedans l'œil devant la ville de Perinthe, que Philippus tenoit
assiegée, et luy voulut on bien sur l'heure mesme oster le
traict, mais luy ne se lascha onques pour ce coup, ny ne
voulut permettre qu'on luy arrachast le traict, qu'il n'eust
premierement repoulsé et rembarré les ennemis, jusques au
dedans de leurs murailles. Il prit adonc fort aigrement ceste
ignominie, et l'eut si fort à cueur, qu'il estoit tout evident
qu'il en mourroit de douleur et de regret : ce que Alexandre
craignant, luy pardonna, et si voulut encore qu'il reteinst
l'argent qui luy avoit esté baillé.

CXV. Or les trente mille jeunes garsons qu'il avoit laissez
soubz des maistres pour les duire, dresser et exerciter à tout
ce qui appartient au mestier de la guerre, estans devenus
forts et puissans de corps, beaux de visages, et merveilleusement dispos et addroits aux armes à les veoir en leurs exercices, Alexandre en fut fort joyeux quand il les veit : mais
cela descouragea grandement les Macedoniens, et les meit en
grande crainte, pource qu'ilz estimerent que de lors en avant
le roy feroit moins de compte d'eulx : et pourtant comme il
voulust renvoyer ès païs bas devers la mer, les malades ou
impotens, et qui avoient perdu quelque membre à la guerre,
ilz respondirent que cela estoit leur faire tort et injure,
d'esloigner ainsi de soy ces pauvres gens là : après s'en estre
servy à tout ce qu'il avoit voulu, et puis les rejetter ainsi à
leurs païs et à leurs parens, non en telle disposition qu'ilz
estoient quand il les en avoit tirez. A l'occasion dequoy, ils
disoient s'il vouloit donner congé aux uns, qu'il le donnast
donques à tous, et qu'il les reputast tous inutiles, mesmement
puis qu'il avoit autour de luy, ses beaux jeunes danseurs,
disoient ilz, avec lesquelz il iroit achever de conquerir toute
la terre habitable. Alexandre fut fort indigné de ces propos,
tellement qu'il leur en dit à tous des injures en cholere, et
chassant ses gardes ordinaires, en prit d'autres Persiens, en

faisaut les uns gardes de son corps et ses satellites, les autres ses huissiers, heraults et executeurs de ses mandemens, desquelz les Macedoniens le voyant accompagné, et eux mesprisez, reculez et rejettez honteusement en arriere, rabaisserent bien la hautesse de leur courage, et après avoir parlé ensemble cuiderent enrager de jalouzie et de despit. Finablement la matiere consultée entre eulx, ilz s'en allerent d'un commun advis sans armes tous nuds en chemises devant sa tente se rendre à luy, crians et plorans, en le priant qu'il feit d'eulx ce qu'il luy plairoit, comme de meschans et ingrats qu'ilz estoient : mais luy, encore que son courroux s'ammollist et s'addoucist desjà, ne les receut pas neantmoins pour ceste premiere fois, et eulx aussi ne s'en allerent point, ains demourerent deux jours et deux nuicts devant sa porte en tel estat se plaignans à luy, et l'appellans leur souverain et leur roy, jusqu'à ce que au troisieme jour sortant hors de son logis, et les voyant ainsi affligez, esplorez et piteux à veoir, il s'en prit à plorer luy mesme bien longuement : puis, après les avoir un peu tensez, leur usa de gracieuses paroles, donnant congé de soy retirer à ceulx qui estoient devenus inutiles pour la guerre en leur faisant de très magnifiques presens, et escrivant à son lieutenant Antipater, qu'en toutes les assemblées de jeux et esbatemens publiques, ilz fussent tousjours preferez et assis aux plus honorables lieux, couronnez de chappeaux de fleurs, et voulut que les enfans orphelins de ceulx qui seroient decedez à son service, receussent la soude de leurs peres.

CXVI. Au reste, estant arrivé en la cité d'Ectabane au royaume de la Medie, après y avoir despesché les plus pressifs affaires, il se remeit de rechef à faire jeux, festes et passetemps publiques luy estans nouvellement venus de la Grece trois mille maistres et ouvriers de telz esbatemens, Mais il advint environ ce temps là que Hephæstion tumba malade d'une fiebvre, et comme jeune homme de guerre qu'il estoit, il ne se contregarda pas de la bouche, comme il devoit, ains ayant espié l'occasion que son medecin Glaucus s'en estoit allé au theatre pour veoir les jeux, il se meit à disner, et mangea un chappon rosty, et beut un grand plein pot de vin qu'il avoit fait refraischir, dont sa fiebvre luy rengrega si fort, que peu après il en mourut. Alexandre porta cest inconvenient impatiemment oultre toute mesure : car il

commanda que les crins des chevaux et des mulets, en signifiance de deuil, fussent tous couppez sur l'heure, et que tous
les creneaux des murailles des villes en fussent semblablement
abbatus, et feit pendre le pauvre medecin, et defendit que lon
ne jouast de flustes ny d'autre instrument quelconque de
musique dedans son camp, jusques à ce que lon luy apporta
un oracle de Jupiter Ammon, par lequel il estoit commandé
de reverer Hephæstion et luy sacrifier comme à un demi-
dieu. A la fin, pour reconforter son deuil, et passer un peu
son ennuy, il s'en alla à la guerre, comme à la chasse
d'hommes, là où il subjugua la nation des Cosseiens qu'il
extermina toute, y tuant jusques aux petits enfans : ce qui
fut appellé le sacrifice des funerailles d'Hephæstion. Et ayant
voulunté de despendre en sa sepulture et en l'appareil de ses
obseques dix mille talents, et de surmonter encore la despense
par la singularité de l'invention et excellence de l'artifice,
il desira fort entre les autres maistres ingenieurs un Stasicrates,
pource qu'en ses inventions il y avoit tousjours quelque chose
de grand, de hardy et de magnifique : car un jour en devisant
avec luy, il luy dit, que de toutes les montagnes qu'il cognoissoit au monde, il n'y en avoit qui fust plus propre à former
en figure de l'homme, qu'estoit le mont d'Atho en la Thrace,
et que s'il vouloit, il luy en feroit la plus noble et la plus
durable statue, qui onques eust esté au monde, laquelle en
sa main gauche tiendroit une ville habitable de dix mille personnes, et de la droitte verseroit une grosse riviere en la
mer : toutefois Alexandre n'y voulut point entendre, mais
lors il estoit après à deviser et imaginer avec les maistres
ingenieurs des inventions bien plus estranges et de plus
excessive despense.

CXVII. Et comme il prenoit son chemin pour s'en aller en
Babylone, Nearchus estant de rechef retourné de la grande
mer Oceane par la riviere d'Euphrates, luy dit, qu'il s'estoit
addressé à luy quelques devins Chaldeiens qui luy conseil-
loient et l'admonestoient qu'il n'entrast point dedans Babylone,
dequoy Alexandre ne feit point autrement de compte, et tira
oultre : mais quant il fut tout joignant les murailles, il
apperceut un grand nombre de corbeaux, qui crailloient et
s'entrebatoient les autres, dont les uns tumberent en terre
tout auprès de luy : et luy ayant esté rapporté que le capi-

taine de Babylone Apollodorus avoit sacrifié aux dieux pour sçavoir qu'il adviendroit de luy, il envoya querir le devin Pythagoras pour sçavoir de luy, s'il estoit vray. Le devin ne renia point le faict, et Alexandre luy demanda quelz avoient esté les signes du sacrifice : il respondit, qu'ilz n'avoient point trouvé de teste au foye. « O dieux, dit adonc « Alexandre, voilà un vehement presage »! toutefois il ne feit point desplaisir pour cela à Pythagoras : mais bien se repentit il qu'il n'avoit adjouxté foy aux paroles de Nearchus.

CXVIII. A l'occasion dequoy il se logeoit souvent en campagne hors de Babylone, et s'en alloit esbatant sur la riviere d'Euphrates : car il advint plusieurs autres signes et presages les uns sur les autres qui le fascherent. Entre les autres il y eut un asne privé qui alla assaillir le plus beau et le plus grand des lions, que lon nourrissoit en Babylone, et le tua d'un coup de pied. Et un jour comme il se fust despouillé tout nud pour se faire frotter et huiler, et jouer à la paulme, quand il voulut après reprendre ses vestements, les jeunes gentilzhommes qui jouoient avec luy, trouverent un homme assis dedans sa chaire, qui ne disoit mot, ains avoit mis le bandeau royal à l'entour de sa teste, et la robbe du roy sur son dos : on luy demanda qui il estoit, il fut si longuement sans respondre, jusques à ce que s'estant à la fin revenu, il dit, qu'il se nommoit Dionysius, qu'il estoit natif de Messene, et que pour aucunes charges que lon luy avoit mis sus, il avoit esté envoyé de la mer jusques là, où lon l'avoit longuement detenu prisonnier : mais que nagueres le dieu Serapis s'estoit apparu à luy, luy avoit destaché ses fers, et commandé qu'il prist la robbe et le diademe du roy, et qu'il s'asseist en son siege sans dire mot.

CXIX. Cela ouy, Alexandre feit mourir l'homme, suivant ce que les devins luy en conseillerent : mais il entra en une grande tristesse, et grande apprehension d'estre destitué de l'aide des dieux, et aussi en grande deffiance de ses amis, entre lesquelz il redoubtoit plus Antipater et ses enfans, que nulz autres : car l'un nommé Iolas, estoit son premier eschanson, et l'autre Cassander, estant nouvellement arrivé du païs, la premiere fois qu'il veit quelques Barbares faisans la reverence à Alexandre, comme celuy qui avoit esté nourry à la Grecque, et qui n'avoit jamais veu telle chose, il s'en prit à rire up peu trop licencieusement à pleine gorge, dont Alexandre fut si despit, qu'il le prit par les cheveux à deux mains, et batit les murailles de sa teste. Une autre fois comme Cassander s'ingerast de vouloir respondre à quelques uns, qui accusoient Antipater son pere, Alexandre le rabroua fort asprement, en luy disant, « Que veux tu alleguer ? penses tu que ces gens « icy eussent entrepris un si long voyage, pour calumnier à « tort et faulsement ton pere, s'il ne leur eust point fait « d'injustice ? » Cassander au contraire luy repliqua, que cela mesme qu'il disoit estoit indice evident et presumption grande de calumnie, qu'ilz estoient venus ainsi loing, à fin que lon ne peust promptement adverer et convaincre leur faulse accusation : dequoy Alexandre se prit à rire tout hault, et dit, « Voilà des arguces et subtilitez d'Aristote, pour prouver « le pour et le contre : mais cela ne vous guarentira pas, « que je ne vous chastie bien, si je treuve que vous ayez fait tort à ces gens icy ». Brief lon dit que dès lors il s'imprima si fort au cueur de Cassander une frayeur, et y penetra si avant, que long temps depuis comme il estoit desja roy des Macedoniens, et tenoit toute la Grece en sa main, en se promenant par la ville de Delphes, et regardant les images qui y sont, il en apperceut une d'Alexandre, dont il fut soudainement si effroyé, que les cheveux luy en dresserent en la teste, et en trembla de telle sorte, qu'à peine se peut il de long temps après rasseoir ny rasseurer.

CXX. Alexandre donques depuis qu'une fois il se fut laissé aller à ceste deffiance de l'aide des dieux, en devint si troublé de sens, et si espouvanté en son entendement, qu'il ne luy advenoit plus chose extraordinaire, pour petite qu'elle fust, qu'il n'en feist cas comme d'un signe et presage celeste, de maniere que son logis estoit tousjours plein de prebstres et de devins, qui sacrifioient, ou qui le purifioient, et qui vacquoient aux divinations : tant a de pouvoir et d'efficace d'un costé la mescreance et l'impieté de contemner les dieux, quand elle se met ès cueurs des hommes, et de l'autre costé aussi la superstition, coulant tousjours, ne plus ne moins que l'eau contre bas, ès ames abbaissées et ravallées par crainte, comme elle remplit alors Alexandre de folie, depuis qu'une fois la frayeur l'eut saisy.

CXXI. Toutefois luy ayant esté apportées quelques responses

touchant Hephæstion, de l'oracle de Jupiter Ammon, il laissa
son deuil, et se remeit de rechef à faire banquets et sacrifices :
car il festoya magnifiquement Nearchus, et s'estant un jour
estuvé, comme de coustume, ainsi qu'il se vouloit endormir,
l'un de ses capitaines Medius, le vint prier de se trouver à
un banquet, qu'il faisoit en son logis : il y alla, et y beut tout
ce soir et tout le lendemain, tellement qu'il en prit la fiebvre,
non pour avoir beu la couppe toute entiere de Hercules,
comme quelques uns escrivent, ne pour avoir tout soudainement senty une griefve douleur entre deux espaules, ne plus
ne moins que qui luy eust donné un coup de lance : car ce
sont toutes choses controuvées à plaisir, et faulsement escrittes
par aucuns qui ont voulu rendre l'issue de ceste grande
tragœdie, par maniere de dire, plus lamentable et plus
pitoyable : mais Aristobulus met, qu'ayant une fiebvre violente
et une alteration extreme, il beut du vin, dont il commença
à entrer en reverie, et à la fin mourut le trentieme jour du
mois de juin : et au papier journal de sa maison, où est
descrit par le menu, tout ce qu'il faisoit à chasque jour, il y
a que le dixhuitieme de juin, il dormit dedans l'estuve, pource
qu'il eut la fiebvre.

CXXII. Le lendemain après s'estre lavé et estuvé, il s'en
alla en sa chambre, et passa tout ce jour chez Medius à
jouer aux dez, puis le soir bien tard, après s'estre baigné, et
avoir sacrifié aux dieux, il mangea, et eut la fiebvre la
nuict : le vingtieme s'estant de rechef baigné, et ayant fait son
sacrifice ordinaire aux dieux, il se meit à table dedans
l'estuve mesme, escoutant ce pendant Nearchus qui luy
comptoit de sa navigation, et des choses qu'il avoit veuës en
la grande mer Oceane : le vingt et unieme jour ayant fait de
mesme, il se trouva encore plus enflammé que jamais, et se
sentit fort mal la nuict d'une grosse fiebvre, et tout le jour
ensuivant, auquel il se feit remuer et porter son lict au long
du grand vivier, là où il devisa avec ses capitaines, touchant
quelques places vacantes en son armée, leur commandant de
n'y mettre point d'hommes qui ne fussent bien esprouvez.
Le vingt et troisieme ayant la fiebvre fort grosse, il se feit
porter aux sacrifices, et ordonna que ses principaux capitaines
demourassent dedans son logis seuls, et que les autres
moindres, comme centeniers et chefs de bandes, veillassent

et feissent le guet au dehors. Le vingt et quatrieme il se feit porter en l'autre palais royal, qui est delà le lac, où il dormit un petit, mais la fiebvre ne le lascha onques, et quand ses capitaines vindrent pour luy faire la reverence et le saluer, il ne parloit plus : autant en feit il le vingt et cinquieme, de sorte, que les Macedoniens penserent qu'il fust mort, à raison dequoy, ilz vindrent batre aux portes du palais, et crier en menaçant ses plus privez amis, de façon qu'ilz les forcerent de leur ouvrir : si leur furent les portes ouvertes, et passerent un à un en saye au long de son lict. Ce jour là Python et Seleucus par ordonnance des principaux familiers du roy, furent envoyez au temple du dieu Serapis, pour enquerir de luy s'ilz porteroient là Alexandre. Le dieu leur respondit, qu'ilz le laissassent là : où il mourut le vingt et huitieme sur le soir. Il est ainsi escript, presque de mot à mot, en ces mesmes termes, dedans le papier journal de sa maison.

CXXIII. Si n'y eut sur l'heure suspicion aucune qu'il eust esté empoisonné : mais on dit que six ans après, il s'en descouvrit quelque indice, à raison dequoy, sa mere Olympias feit mourir beaucoup de gens, et jetta au vent les cendres d'Iolas, au paravant decedé, pource que lon disoit que c'estoit luy qui luy avoit baillé à boire le poison. Ceulx qui tienent que ce fut Aristote, qui conseilla à Antipater de ce faire, par le moyen duquel fut porté le poison, disent qu'un Agnothemis le racompta après l'avoir ainsi ouy dire au roy Antigonus : et fut le poison, à ce qu'ilz disent, une eaue froide comme glas qui distille d'une roche estant au territoire de la ville de Nonacris, et la recueille lon ne plus ne moins qu'une rosée dedans la corne du pied d'un asne, pource qu'il n'y a autre sorte de vaisseau qui la puisse contenir, tant elle est extremement froide et perceante. Les autres maintiennent que tout ce que lon compte de cest empoisonnement est faulx, et alleguent pour le prouver un argument qui n'est petit, c'est que les principaux capitaines, incontinent qu'il eut rendu l'esprit, entrerent en grande dissention à raison de laquelle le corps demoura plusieurs jours tout nud sans estre ensepvely, en païs chauld et estouffé : et neantmoins jamais n'apparut signe aucun sur le corps, qui donna suspicion ny conjecture de poison, ains se mainteint tousjours net et frais et entier.

CXXIV. Il laissa Roxane enceinte, laquelle pour ceste

occasion estoit honorée et reverée des Macedoniens : mais elle haïssoit extremement Statira, pour une jalouzie qu'elle avoit conceuë à l'encontre d'elle, et la trompa moyennant une lettre contrefaitte qu'elle luy envoya, comme si Alexandre luy eust mandé qu'elle vinst devers luy : mais si tost qu'elle fut arrivée, Roxane la tua elle et sa sœur, puis en jeta les corps dedans un puis, qu'elle feit après combler du sceu et avec l'aide de Perdiccas, qui eut incontinent après le décès d'Alexandre l'authorité et puissance principale, à cause d'Aridæus, lequel il trainnait toujours quant et luy, comme sauve-garde de son authorité royale. Cest Aridæus estoit né d'une femme de basse condition et publique nommé Philinna, et si n'avoit pas au demourant le sens bon pour une indisposition de sa personne, laquelle ne procedoit point de nature ny d'aucun accident fortuit : car au contraire, lon dit qu'en sa premiere enfance il apparoissoit en luy ne sçay quoy de bonne et gentille nature : mais que le corps ayant esté gasté par quelques breuvages que Olympias luy bailla, l'entendement s'en sentit aussi et s'en devoya.

JULIUS CÆSAR

Sylla se trouvant au dessus de ses affaires, voulut que Cæsar repudiast sa femme Cornelia fille de Cinna, qui avoit pour un temps eu souveraine puissance à Rome : mais ne l'ayant peu ny par promesses, ny par menaces induire à ce faire, il luy confisqua son douaire : et la cause pourquoy Cæsar vouloit mal à Sylla, estoit la parenté qu'il avoit avec Marius, lequel avoit eu à femme Julia propre sœur du pere de Cæsar, de laquelle il avoit eu le jeune Marius, qui par ce moyen venoit à estre cousin germain de Cæsar. Mais Sylla au commencement de ses victoires estant empesché à de plus grandes choses, et à faire mourir tant d'autres de ses adversaires, ne teint pas compte de le faire chercher : et luy ne se contenta pas d'estre en seureté caché, ains se presenta de luy mesme au peuple, demandant une place vacante de presbtrise, estant à peine entré en son adolescence, dont il fut debouté, par le moyen de ce que Sylla soubs main luy fut adversaire : et comme il fust entre deux de le faire d'avantage tuer, quelques uns de ses familiers luy dirent qu'il n'y avoit point de propos de faire mourir un si jeune garson : mais il leur repliqua, « qu'ilz n'estoient pas bien sages, s'ilz n'apperce- « voient qu'en ce jeune garson y avoit plusieurs telz que « Marius ». Ceste parole ayant esté rapportée à Cæsar, il s'osta de Rome, et demoura long temps caché au païs des Sabins, allant tousjours d'un lieu à autre.

II. Mais un jour, comme il se faisoit transporter d'une maison en une autre, à cause qu'il estoit malade, il tumba entre les mains des satellites de Sylla, qui alloient recherchans ces lieux là, et prenoient au corps ceulx qu'ilz y trouvoient cachez : toutefois il corrompit le capitaine, qui avoit nom Cornelius, moyennant deux talents qu'il luy donna : et estant ainsi eschappé, descendit vers la coste de la mer, où il s'embarqua, et se retira en la Bithynie devers le roy Nicomedes, là où ayant esté un peu de temps, il remonta de rechef sur

mer, et fut pris par des coursaires auprès de l'isle de Phar-
macuse, car ces escumeurs là tenoient desja toute la marine,
avec grosses flottes de navires et nombre infiny de vaisseaux.
Ces coursaires de prime face luy demanderent vingt talents
pour sa rençon, dont il se mocqua d'eulx, comme ne sçachans
pas quel personnage ilz avoient pris, et de luy mesme leur
en promeit cinquante, puis envoya ses gens l'un deçà, l'autre
delà, au recouvrement des deniers, tellement qu'il demoura
seul entre ces larrons Ciliciens, qui sont les plus grands
meurtriers et les plus sanguinaires hommes du monde, avec
un de ses amis et deux esclaves seulement : et neantmoins il
en faisoit si peu de compte, que quand il avoit envie de
dormir, il leur envoyoit commander qu'ilz se teussent. Si fut
trente huit jours entiers avec eulx, non comme prisonnier
gardé, ains plus tost comme prince suivy et accompagné
d'eulx, ne plus ne moins, que si c'eussent esté ses satellites.
Durant lequel temps il se jouoit et esbatoit aux exercices de
la personne avec eulx naïfvement en toute asseurance, et
quelquefois escrivoit des vers, ou composoit des harengues,
puis les appelloit pour les luy ouir reciter, et si d'adventure
ilz ne monstroient y prendre goust et en faire estime, il les
appelloit tout devant eulx ignorans et barbares, et en riant
les menaçoit souvent qu'il les feroit pendre : dont eulx
estoient bien aises, à cause qu'ilz prenoient le tout en jeu,
pensans que ceste siene franchise de parler ainsi librement à
eulx, ne procedoit que d'une simplicité de jeunesse naïfve :
mais quand sa rençon fut venue de la ville de Milet, et que
l'ayant payée il fut remis en sa liberté, il arma soudainement
quelques vaisseaux dedans le port de Milet pour aller après
ces larrons, lesquelz il trouva encore à l'ancre en la mesme
isle : si en prit la plus grande partie et pilla leur bien, mais
quant aux personnes, il les mena en la ville de Pergamum, là
où il les meit en prison, pendant qu'il alla parler à celuy qui
pour lors avoit le gouvernement de l'Asie, qui estoit un
nommé Junius, comme à luy appartenant de faire la justice
de ces malfaitteurs, attendu qu'il estoit præteur de l'Asie :
mais ce præteur ayant belle envie de mettre la main sur leur
argent, à cause qu'il y en avoit bonne somme, respondit
« qu'il adviseroit tout à loisir au faict de ces prisonniers » :
parquoy Cæsar le laissant là, s'en retourna à Pergamum, là

où il feit publiquement pendre et mettre en croix tous ces larrons, comme il leur avoit souventefois predit et promis en l'isle, là où il sembloit qu'il ne se feist que jouer.

III. Depuis, comme la puissance de Sylla commenceast à se passer, ses amis luy manderent qu'il s'en retournast à la maison : parquoy il s'en alla premierement à Rhodes, pour y estudier quelque temps soubs Apollonius filz de Molon, que Ciceron mesme oyoit, car c'estoit un honeste homme, et un grand maistre de rhetorique et d'eloquence. Lon dit que Cæsar estoit fort heureusement né pour bien parler et plaider devant un peuple, et qu'outre l'aptitude naturelle qu'il y avoit, il s'y estoit encore fort diligemment exercé, de maniere, que sans nulle doubte il avoit le second lieu des bien disans de son temps, et en quitta le premier pour entendre à se faire plus tost le premier en armes, en puissance et authorité, n'estant pas arrivé jusques à tel degré de la perfection de bien dire, que sa nature l'eust peu conduire, pour avoir plus tost voulu vaquer aux guerres et au maniement d'affaires, qui en fin de compte le rendirent seigneur de l'empire Romain. A l'occasion dequoy au livre qu'il composa depuis à l'encontre de celuy que Ciceron avoit escript à la louange de Caton, il prie les lecteurs que lon ne face pas comparaison de stile d'un homme de guerre à l'eloquence d'un excellent orateur, qui y avoit employé la plus part de sa vie. Retourné qu'il fut à Rome, il appella en justice Dolabella, le chargeant d'avoir mal et violentement versé au gouvernement de sa province, et y eut plusieurs villes Grecques qui luy envoyerent leur tesmoignage : toutefois Dolabella en fut absouls, et Cæsar voulant rendre la pareille aux Grecs de la bonne affection qu'ilz avoient monstrée envers luy au faict de ceste accusation, prit en main la cause pour eulx, quand ilz accuserent de concussion Publius Antonius, devant Marcus Lucullus præteur de la Macedoine, là où il le poursuivit si vivement, qu'Antonius fut contraint d'appeller devant les tribuns du peuple à Rome, alleguant, pour donner couleur à son appel, qu'il ne pouvoit avoir sa raison en plaidant dedans la Grece contre les Grecs.

IV. Si fut incontinent Cæsar à Rome en la grace de beaucoup de gens, par le moyen de son eloquence, à cause qu'il defendoit leur cause en jugement, et singulierement aimé et bien voulu de la commune, pour une gracieuse façon qu'il lavoit de saluer, caresser et arraisonner priveement et familierement tout le monde, estant en cela plus soigneusement courtois que son aage ne portoit, et si y avoit encore quelque faveur pour la bonne table et maison plantureuse qu'il tenoit ordinairement, et pour la magnificence de la despense qu'il faisait en tout le reste de son vivre, laquelle petit à petit le poulsoit en avant, et luy donnoit credit envers le peuple. Et ses envieux cuidans que ceste faveur luy deust faillir aussi tost, comme il ne pourroit plus fournir à la despense, ne teindrent compte de la rabbattre du commencement, et la laisserent peu à peu croistre et venir en vigueur : mais à la fin l'ayans laissé devenir grande et mal aisée à renverser, combien qu'elle tendist manifestement à remuer et changer un jour tout l'estat de la chose publique, ilz apperceurent trop tard, « qu'il n'y a si petit commencement en chose quel- « conque, que la continuation et perseverance ne rende bien « tost grand et fort, quand pour le mespriser on n'y met point « d'empeschement ». Le premier donques qui semble avoir eu deffiance et crainte de sa façon de proceder en l'entremise des affaires de la chose publique, ne plus ne moins que le sage pilote qui redoubte une bonace riante en haulte mer, et qui cogneut la ruzée malice qu'il cachoit soubs le manteau de celle privaulté, courtoisie et gaieté qu'il monstroit au dehors, fut Ciceron. « Mais quand je considere, ce disoit il, ceste per- « ruque si bien peignée, et si curieusement accoustrée, et que « je luy voy gratter sa teste du bout d'un doigt seulement, il « m'est advis au contraire, qu'un tel homme ne pourroit « jamais avoir mis en sa teste une si malheureuse entreprise, « que de vouloir ruiner la chose publique Romaine ». Toute- fois cela fut long tems depuis.

V. Au reste, la premiere demonstration que luy feit le peuple de la bienvueillance qu'il luy portoit, fut, quand il demanda un estat de tribun, c'est à dire, de capitaine de mille hommes de pied, à l'encontre de Caius Pompilius, et qu'il l'emporta, et fut esleu devant luy. La seconde et plus evidente que la premiere, fut, quand la femme de Marius, Julia, qui estoit sa tante, mourut : car il feit sur la place, comme son nepveu, une harengue funebre à sa louange, et an convoy de ses obseques eut bien la hardiesse de mettre en

evidence des images de Marius, qui fut la premiere fois
qu'elles furent veuës depuis la victoire de Sylla, à cause que
Marius et tous ses consors et adherents avoient esté jugez et
declarez ennemis de la chose publique. Car comme quelques
uns murmurassent et criassent pour ce faict contre luy, le
peuple bruyant à l'encontre, avec grands batemens des mains,
monstra qu'il en estoit bien aise, et qu'il luy sçavoit bon gré
de ce qu'il ramenoit des enfers, par maniere de dire, les
honneurs de Marius en la ville de Rome, après un si long
temps que lon les avoit tenus ensepvelis. Or estoit ce bien la
coustume de toute ancieneté, que les Romains faisoient des
harengues funebres à la louange des femmes aagées, quand
elles venoient à deceder, mais non pas des jeunes : et Cæsar
fut le premier qui loua ainsi publiquement sa femme decedée,
ce qui luy adjouxta encore quelque bienvueillance, et feit
que la commune par une compassion l'en aima encore d'avantage, comme homme debonaire et de nature cordiale.

VI. Après les obseques de sa femme il s'en alla quæsteur,
c'est à dire tresorier soubs le præteur Antistius Vetus, lequel
il honora tousjours depuis, en sorte que quand il fut luy
mesme fait præteur, il feit elire son filz quæsteur : puis au
retour de ceste charge, il espousa sa troisieme femme
Pompeia, ayant de sa premiere Cornelia, une fille qui depuis
fut mariée à Pompeius le grand. Mais en faisant ceste despense extreme qu'il faisoit, pour laquelle il sembloit à quelques uns, qu'il acheptoit une fumée de faveur populaire,
courte et de peu de durée, trop cherement, là où au contraire
il acheptoit les plus grandes choses qui soient en ce monde à
bien petit prix : on dit que devant qu'il eust aucun office de
la chose publique, il se trouva endebté de la somme de
treize cents talents. Et pource qu'ayant esté commis à la
charge de faire reparer et entretenir le pavé du grand chemin
qui s'appele *la voie d'Appius*, il y despendit beaucoup du
sien : et que d'autre part à son advenement à l'office d'ædile,
il donna au peuple l'esbatement de veoir combattre trois
cents et vingts couples de gladiateurs, c'est à dire, escrimeurs à oultrance : et qu'en toute autre sumptuosité de faire
jouer jeux, et donner festins publiques, il abysma, par
maniere de dire, la magnificence de tous ceulx qui s'estoient
efforcez d'en faire au paravant : il rendit le peuple telle-

ment affectionné envers luy, qu'il alloit imaginant de nou
veaux estats, nouveaux honneurs et nouvelles charges pour
le recompenser.

VII. Or y avoit il dedans Rome deux ligues et partialitez :
l'une de Sylla, qui estoit forte et puissante, et celle de Marius,
qui n'osoit pas alors lever la teste, tant elle estoit dissipée,
mise au bas et ravallée : mais Cæsar la voulant remettre sus;
au temps mesmement que les festes, esbatemens et jeux
publiques de son ædilité estoient en leur plus grande vogue,
il feit secrettement faire des images de Marius, et des victoires
qui portoient des trophées, lesquelles images il alla une nuict
poser et dresser dans le Capitole. Le lendemain au matin
quand on y veid reluire ces ouvrages dorez et singulierement bien faits et bien labourez, tesmoignans par les inscrip-
tions que c'estoient les victoires que Marius avoit gaignées
sur les Cimbres, chascun s'esmerveilla grandement de la
hardiesse de celuy qui les avoit ozé mettre là, car on sçavoit
assez qui c'estoit : et en estant incontinent le bruit espandu
par toute la ville, chascun y accourut pour les veoir. Si y en
eut aucuns qui crierent à l'encontre de Cæsar, que c'estoit
une tyrannie qu'il se bastissoit en ressuscitant par maniere
de parler, des honneurs, qui avoient esté ensepveliz et enfouiz
dedans la terre par edicts et ordonnances publiques, et que
cela n'estoit qu'une espreuve et un essay pour sonder la
voulunté du peuple, qu'il avoit appasté par la magnificence
de ses esbats publiques, à fin de sentir s'il estoit assez appri-
voisé, et s'il endureroit bien que l'on jouast à telz jeuz, et
que lon remuast de telles nouvelletez. Au contraire, ceulx de
la part de Marius s'asseurans les uns les autres, se declare-
rent en bien grand nombre, faisant retentir tout le mont du
Capitole à force de crier et de batre des mains, en maniere
que les larmes en vindrent aux yeux de plusieurs, de grande
joye qu'ilz eurent, quand ils veirent les images de Marius, et
en fut Cæsar haultement loué et estimé par eulx, comme personnage plus digne que nul autre de la parenté de Marius :
et estant le senat assemblé là dessus, Catulus Luctatius,
l'homme de la plus grande authorité qui fust pour lors dedans Rome, se leva, et parla fort asprement contre Cæsar, où
il dit une parole, qui depuis a bien esté notée, « Que Cæsar
« n'alloit plus par mines secrettes, ains par ouverte baterie,

« attentant de ruiner la chose publique » : toutefois Cæsar à l'heure luy respondit si bien, que le senat s'en contenta, dont ceulx qui l'avoient en estime, se leverent en esperance encore d'avantage, et l'admonesterent qu'il prist hardiment cueur de ne ceder à personne, et que de la voulunté du peuple mesme, il surmonteroit tous les autres, et seroit le premier homme de la ville.

VIII. Sur ces entrefaittes alla de vie à trespas le souverain pontife Metellus, pour la prelature duquel deux les plus notables personnages de la ville, et qui avoient plus d'autho-rité au senat, Isauricus et Catulus, entrerent en brigue l'un contre l'autre : et neantmoins Cæsar ne leur ceda point, ains se presenta au peuple, la demandant aussi bien comme eulx : et estant la brigue des uns et des autres égale, Catulus d'autant qu'il estoit homme de plus grande dignité, craignant d'avantage l'incertitude de l'issue de l'election, envoya devers Cæsar, luy faire presenter soubs main grosse somme de deniers, s'il se vouloit deporter de sa poursuitte : mais il luy feit response qu'il en emprunteroit encore plus grosse somme pour debatre ceste brigue à l'encontre de luy. Quant le jour de l'election fut escheut, comme sa mere le convoyast jusques à la porte de son logis les larmes aux yeux, il luy dit en l'embrassant : « Ma mere, tu verras aujourd'huy ton filz sou-« verain pontife, on bien banny de Rome ». Finablement les voix du peuple recueillies, et la brigue bien debatue, il se trouva vainqueur, et l'emporta : ce qui donna grande crainte au senat et aux gens de bien, pource qu'ilz estimerent que de lors en avant il feroit faire au peuple tout ce qu'il voudroit.

IX. A l'occasion dequoy, Catulus et Piso reprenoient gran-dement Ciceron, de ce qu'il l'avoit espargné en la descouver-ture de la conjuration de Catilina, où il luy avoit donné prise sur luy. Car Catilina ayant proposé non seulement de ren-verser l'estat de la chose publique, mais aussi de ruiner entierement l'empire de Rome, et mettre tout sens dessus dessoubs, eschappa des mains de la justice à faulte de preuves suffisantes, avant que le fond de ses conseilz fust à plein des-couvert : mais il laissa dedans la ville Lentulus et Cethegus compagnons de sa conspiration, ausquelz on ne sçait pas si Cæsar donna point secrettement quelque confort et aide : mais bien est il certain que publiquement eulx ayans esté en

plein senat convaincus à faict, comme Ciceron, qui estoit
pour lors consul, demandast à chasque senateur son opinion,
comment on les devoit punir, tous les autres precedents jusques à Cæsar, opinerent qu'il les falloit faire mourir : mais
Cæsar quand ce fut à luy à parler, se dressant en pieds prononcea une harengue qu'il avoit premeditée, en laquelle il
discourut, que ce n'estoit point chose accoustumée ny juste
que de faire mourir des hommes, mesmement de telle noblesse
et de telle dignité, que prealablement on ne leur eust faict
leur procès, et qu'ilz ne fussent judiciellement condemnez, si
ce n'estoit en une extreme necessité : mais si on les mettoit
en prison en quelques villes de l'Italie telles que Ciceron adviseroit pour le mieulx, jusques à ce que Catilina fut desfaict,
alors le senat pourroit en paix ordonner tout à loisir, ce qui
en devroit estre faict. Ceste opinion sembla plus humaine,
avec ce qu'elle fut prononcée d'une grande grace et vehemence d'eloquence, de sorte que non seulement ceulx qui
opinerent après luy, la suivirent, mais aussi plusieurs de
ceulx qui avoient opiné paravant, revocquerent leur premiere sentence, et adhererent à la siene, jusques à ce que le
renc de parler fut venu à Caton et à Catulus, lesquelz y
contredirent fort et ferme, principalement Caton, qui parla
de sorte qu'il rendit Cæsar mesme suspect de la conspiration,
et se formalisa vigoureusement contre luy, de façon que les
criminelz furent mis entre les mains des executeurs de justice pour les faire mourir : et comme Cæsar sortist du senat,
il y eut une trouppe de jeunes hommes, qui accompagnoient
Ciceron pour la seureté de sa personne, qui luy coururent
sus les espées traictes aux poings : mais on dit que Curion le
couvrit lors de sa robbe, et le tira d'entre leurs mains : et
Ciceron mesme, comme ces jeunes hommes jettassent les
yeux sur luy, leur feit signe de la teste qu'ilz ne le tuassent
point, fust ou pource qu'il redoubtast la fureur du peuple, ou
bien qu'il estimast que ce seroit meschamment et injuste-
ment fait. Toutefois si cela est veritable, je m'esbahis bien
comment Ciceron ne l'a mis au traité qu'il a fait de son
consulat : mais comment qu'il en soit, il fut depuis blasmé de
n'avoir usé de l'occasion qui se presentoit lors à propos
contre Cæsar, et d'avoir trop redoubté le peuple qui em-
brassoit fort affectueusement sa protection.

X. Car peu de jours après estant allé au senat pour respondre aux souspeçons et presumptions qu'il y avoit contre luy, et y ayant esté rabroué fort rudement, tenant le senat plus long temps qu'il n'avoit accoustumé, le peuple s'en vint à l'entour de la salle le demander, et crier tout hault qu'on le laissast sortir : parquoy Caton craignant principalement la mutination des pauvres disetteux, qui estoient ceulx qui emouvoient tout le demourant du peuple, ayans mis leur esperance en Cæsar, il suada au senat de leur faire distribuer gratuitement du bled pour un mois, laquelle distribution venoit à apporter de despense nouvelle à la chose publique la somme de cinq cens cinquante mille escus. Ce conseil esteignit pour lors evidemment une grande crainte, et dissipa la principale partie de la puissance de Cæsar en temps fort opportun, lors qu'il s'en alloit estre prætuer et qu'il estoit plus à craindre que jamais, pour l'authorité que luy donnoit son magistrat, du temps duquel toutefois il n'advint aucun trouble en la chose publique, ains luy arriva à luy mesme un sinistre accident en sa maison.

XI. C'est qu'il y avoit un jeune homme de noble et patricienne maison, nommé Clodius, homme riche et eloquent, mais qui au demonrant ne cedoit en audace, insolence et temerité à nul de ceulx, qui ont esté les plus renommez pour leur meschanceté. Il devint amoureux de Pompeia, femme de Cæsar, laquelle n'en estoit pas mal contente : mais on la tenoit en si estroitte garde, et la mere de Cæsar, Aurelia, femme de bien et d'honneur, avoit l'œil sur elle de si près, que ces deux amans ne se pouvoient trouver ensemble, qu'avec grande difficulté et non moindre danger. Or adorent les Romains une deesse, qu'ilz appellent la *Bonne deesse*, comme les Grecs ont celle qu'ilz appellent *Gynœcia*, qui est à dire, *la deesse des femmes*, et les Phrygiens se l'attribuans à eulx particulierement, disent que c'est la mere du roy Midas : mais les Romains tienent que c'est une nymphe des bois mariée au dieu Faunus, et les Grecs veulent que ce soit celle des meres de Bacchus que lon n'oze nommer, en signe dequoy au jour de sa feste se font des ramées et feuillades de branches de vigne, et y a un dragon sacré près l'image de la deesse, suivant la fable que lon en recite, joinct qu'il n'est point loisible à homme quel qu'il soit, d'assister à ses sacrifices, non pas seulement estre dedans la maison, là où on les fait : et dit on que les femmes à part elles y font plusieurs cerimonies : lesquelles ressemblent fort à celles des sacrifices d'Orpheus. Quand doncques le temps de la feste est escheut, le mary, en la maison duquel se doibt faire l'assemblée du sacrifice, qui est l'un des consulz ou des præteurs, et avec luy tout autre masle sort de son logis, et sa femme demeure pour donner ordre à toute la maison, là où la plus part des cerimonies se font la nuict, et y a tout plein de joyeusetez de chans et de musique meslé parmy ces veilles, qui durent toute la nuict. Pompeia donques femme de Cæsar ayant à celebrer celle année la feste, Clodius qui n'avoit point encore de barbe, et par ce moyen esperoit n'estre point descouvert, se desguisa de l'accoustrement d'une menestriere, pource qu'il avoit le visage assez semblable à une jeune femme : et trouvant les portes ouvertes fut sans estre apperceu mis au dedans par une chambriere, qui estoit de l'intelligence, et qui s'en courut devant pour advertir Pompeia de sa venue : elle demoura assez longuement à retourner, et Clodius n'ayant pas la patience de l'attendre au lieu où elle l'avoit laissé, s'en alla errant çà et là parmy la maison qui estoit grande et spatieuse, fuyant tousjours la lumiere, et fut d'adventure rencontré par l'une des servantes d'Aurelia, laquelle cuidant que ce fust une femme, le pria de jouer, et comme il en feist refus, elle le tira en avant, luy demandant qui et dont elle estoit. Clodius adonc luy respondit, « qu'il « attendoit l'une des femmes de Pompeia », qui s'appelloit Abra : ainsi estant cogneu à la voix, la servante de Aurelia s'en courut incontinent là où estoient les lumieres et la trouppe des dames, criant qu'elle avoit trouvé un homme desguisé en habit de femme : dequoy les dames se trouvans estonnées, Aurelia feit aussi tost cesser les cerimonies du sacrifice, et cacher ce qu'il y avoit de secret, et quant et quant elle mesme les portes de la maison fermées, alla par tout avec torches et flambeaux, pour trouver cest homme lequel fut à la fin trouvé dedans la chambre de la servante de Pompeia, avec laquelle il s'y en estoit fouy, et estant recogneu des dames, fut chassé dehors de la maison par les espaules.

XII. Si ne faillirent pas les dames de racompter le faict à

leurs maris la nuict mesme, aussi tost qu'elles furent de retour en leurs maisons, et courut le lendemain un bruit par toute la ville, que Clodius avoit attenté une chose malheureuse et meschante, et qu'il en devoit payer la peine, non seulement à ceulx à qui il avoit fait cest oultrage, mais aussi à la chose publique et aux dieux, et y eut l'un des tribuns du peuple, qui l'appella en justice et l'accusa de læse majesté divine : et y eut aucuns des plus puissans et principaux hommes du senat, qui se banderent aussi contre luy, le chargeans de plusieurs autres horribles dissolutions, mesmement d'avoir commis inceste avec sa propre sœur, qui estoit mariée à Lucullus : toutefois le peuple s'opposant à leurs chaudes poursuittes, défendit Clodius, et luy servit de beaucoup envers ses juges, qui se trouverent estonnez, et eurent peur d'irriter la commune. Ce neantmoins Cæsar incontinent repudia sa femme, à raison dequoy, estant appellé par l'accusateur pour porter tesmoignage à l'encontre de Clodius, il respondit « qu'il ne sçavoit rien de ce que l'on proposoit « contre luy ». Ceste response estant trouvée estrange, l'accusuteur luy demanda, comment et pourquoy donques il avoit repudié sa femme : « Pource, dit-il, que je ne veux pas que « ma femme soit seulement souspeçonnée ». Et disent les uns que Cæsar le pensoit à la verité ainsi, comme il l'affermoit : les autres estiment qu'il le faisoit pour gratifier au commun peuple qui desiroit, comment que ce fust, sauver Clodius, lequel fut aussi absouls de ce crime, par ce que la plus part des juges donna sa sentence en lettres confuses, craignant d'un costé le danger de la commune, s'ilz le condemnoient, et de l'autre costé, la mauvaise opinion des gens d'honneur, s'ilz l'absouloient.

XIII. Au demourant, estant escheut à Cæsar, à l'issue de sa præture, le gouvernement de l'Hespagne, ses creanciers vindrent crier après luy, et l'importuner pour estre payez sur son partement, et ne pouvant chevir à eulx, il fut contraint de recourir à Crassus, qui estoit pour lors le plus riche homme de la ville de Rome, et qui avoit besoin de l'execution et active vivacité de Cæsar à l'encontre de la puissance de Pompeius, au gouvernement de la chose publique. Crassus respondit pour luy à ses plus importuns creanciers et qui le pressoient le plus, en se constituant plege pour la somme de

huit cents et trente talents, quoy moyenant, ilz le laisserent aller en son gouvernement : auquel voyage lon dit,
qu'en traversant les monts des Alpes, il passa par une petite
villette de Barbares habitée de peu d'hommes pauvres et mal
en poinct, là où ses familiers qui l'accompagnoient se prirent
à demander, en riant entre eulx, s'il y avoit point de brigues
pour les estats et offices de la chose publique en ceste ville
là, et s'il y avoit point de debats et d'envies entre les principaux pour les honneurs d'icelle, et Cæsar parlant à eulx,
respondit, « Je ne say pas cela, dit-il, mais quant à moy j'a-
« merois mieux estre icy le premier, que le second à Rome ».
Une autre fois semblablement en Hespagne il se meit à lire
quelque histoire des faicts d'Alexandre, et l'ayant leuë, il
demoura longuement pensif en soy mesme, et puis se prit à
plorer. Ce que voyans ses amis, s'esmerveillerent fort quelle
douleur en pouvoit estre la cause, et il leur respondit, « Ne
« vous semble il pas que ce soit assez pour se douloir, que le
« roy Alexandre, en l'aage où je suis, ait jadis tant conquis
« de peuples et de païs, et que je n'aye encore fait chose
« quelconque digne de memoire ».

XIV. Parquoy si tost qu'il eut le pied en Hespagne, il
commencea incontinent à mettre la main à la besongne, de
maniere qu'en peu de jours il eut dix nouvelles enseignes de
gens de pied, oultre vingt autres qui y estoient desja, et les
menant contre les Callæciens et Lusitaniens y conquit tout,
et penetra jusques à la grand'mer Oceane, subjuguant toutes
les nations qui paravant ne recognoissoient point les Romains
à seigneurs : et s'il y donna bon ordre, quant aux affaires de
la guerre, il n'ordonna pas moins sagement ne moins diligemment ceulx de la paix, remettant les villes en bonne union
et concorde, les unes avec les autres, et sur tout pacifiant les
procès et differens qui estoient entre les debteurs et les creanciers à raison des usures : car il ordonna que les creanciers
prendroient par chascun an les deux parts du revenu de
leurs debteurs, jusques à ce qu'ilz fussent entierement rem-
boursez, et que les debteurs s'aideroient de la troisieme,
pour lesquelles il retourna de son gouvernement en bonne
reputation, s'y estant luy mesme fait riche, et y ayant aussi
enrichy ses soudards, qui à raison de ce luy donnerent le
tiltre et le nom d'*imperator*, qui signifie souverain capitaine.

XV. Mais pource que les loix et ordonnances Romaines vouloient, que ceulx qui poursuivoient l'honneur du triumphe demourassent dehors la ville, et que ceulx qui demandoient le consulat fussent au contraire, dedans en personne, se trouvant en ceste difficulté, à cause qu'il estoit arrivé justement au temps que se devoit faire l'election des consulz, il envoya supplier le senat de luy faire la grace, qu'il peust absent par l'entremise de ses amis prochasser le consulat : à laquelle requeste Caton du commencement resista, alleguant la loy expresse, qui estoit formellement au contraire, mais depuis voyant, que nonobstant ses oppositions, plusieurs des senateurs gaignez par Cæsar, inclinoient à sa requeste, il essaya de la faire neantmoins ressortir à neant, luy soubstrayant le temps, en consumant tout le jour à parler. A l'occasion dequoy Cæsar se resolut de quitter plus tost la poursuitte du triumphe, et d'entendre à celle du consulat, et entrant dedans la ville y mena une prattique, laquelle abusa tout le monde excepté Caton : ce fut la reconciliation de Pompeius et de Crassus, les deux plus grands et les plus puissans personnages de la ville de Rome, lesquelz estoient paravant en picque l'un contre l'autre, et Cæsar les ayant reduits en amitié, et ayant par ce moyen recueilly la puissance de tous les deux en luy seul, on ne se donna garde, que soubs un acte qui avoit la plus belle apparence et le plus honeste tiltre du monde, il renversa sens dessus dessoubs toute la chose publique Romaine : car ce ne fut pas la dissension de Pompeius et de Cæsar qui suscita la guerre civile, ainsi que lon estime communement, ains fut plus tost leur union, pource qu'ilz s'allierent ensemble, premierement pour ruiner l'authorité du senat et de la noblesse, et puis après en entrerent en querelle l'un contre l'autre. Et Caton qui le predit et prophetisa par plusieurs fois, en rapporta pour lors la reputation d'homme fascheux et importun, mais depuis en fut estimé plus sage, que heureux en ses conseilz.

XVI. Ainsi fut adonc Cæsar au milieu de ces deux grands personnages, qu'il avoit reconciliez ensemble, conduit à l'assemblée de l'election, là où il fut, sans contredit, eleu consul avec Calpurnius Bibulus : et si tost comme il fut instalé, commencea à mettre en avant des edicts, et des lois mieulx seantes à quelque seditieux tribun du peuple, que non,

pas à un consul : attendu qu'il proposoit par icelles des
departemens de terres et distributions de bleds, sans payer,
à chasque citoyen, pour aggreer à la commune : en quoy les
gens de bien et d'honneur du senat s'opposerent à son entente,
et luy qui ne demandoit que quelque occasion colorée,
commencea à crier et protester, que la rudesse et dureté du
senat le chassoit malgré luy, et le contraignoit d'avoir recours
à caresser le peuple, et de faict s'y encourut, ayant à l'un de
ses costez Crassus, et à l'autre Pompeius, ausquelz il demanda
tout hault en pleine assemblée de ville, s'ilz approuvoient
pas les edicts qu'il avoit mis en avant ? ilz respondirent tous
deux que ouy : parquoy il les pria de leur vouloir tenir
main forte à l'encontre de ceulx qui menaçoient de les
empescher à la poincte de l'espée, ce que Crassus promeit de
faire, mais Pompeius y adjouxta d'avantage, que à l'encontre
de ceulz qui y apporteroient l'espée, il y viendroit avec
l'espée et le bouclier. Ceste parole despleut grandement aux
seigneurs du senat, comme n'estant pas seulement indigne de
sa gravité, et malseante à la reverence qu'on luy deferoit, et
au respect qu'il devoit porter au senat, ains estant plus tost
furieuse, et plus convenable à quelque jeune estourdy :
mais le commun peuple, au contraire, en fut fort aise.

XVII. Et Cæsar voulant encore plus estroittement embrasser
la puissance de Pompeius, luy donna en mariage sa fille
Julia, laquelle estoit desja fiancée à Servilius Cæpio, luy promettant en eschange, de luy donner celle de Pompeius, laquelle
estoit aussi promise à Faustus filz de Sylla : et peu de temps
après, luy mesme espousa Calpurnia, fille de Piso, lequel il
feit desiguer consul pour luy succeder l'année ensuivant. A
raison dequoy Caton alloit criant et appellant les dieux à
tesmoings, que c'estoit chose que lon ne devoit point endurer
ne souffrir, qu'ilz allassent ainsi butinans entre eulx l'empire
Romain par le macquerellage de telles nopces, en se faisant
ainsi donner les uns aux autres, des gouvernemens de provinces, et des charges de grosses armées par le moyen de
leurs mariages. Et Bibulus compagnon de Cæsar au consulat,
voyant que pour faire toute la resistence qu'il pouvoit à ces
loix, il ne gaignoit rien, ains que par plusieurs fois il s'estoit
mis en danger d'estre tué sur la place avec Caton, il se teint
renfermé dedans sa maison tant que le reste de son consulat

dura. Et Pompeius aussi tost qu'il eut espousé Julia, remplit
toute la place de gens armez, et feit passer et authoriser les
loix, que Cæsar mettoit en avant en faveur du peuple, et
puis decerner à Cæsar pour sa province toutes les Gaules,
tant de deçà que de delà les monts, ensemble l'Esclavonnie,
avec quatre legions, pour le temps et le terme de cinq
années.

XVIII. A quoy comme Caton s'efforceast de contredire,
Cæsar le feit prendre par ses sergens pour le mener en
prison, pensant qu'il en appelleroit devant les tribuns du
peuple : mais il s'y en alloit sans mot dire : et Cæsar voyant,
que non seulement les gens de bien et d'honneur en estoient
marris, mais aussi que le commun populaire pour la reverence qu'il portoit à la vertu de Caton, s'en alloit après avec
un silence et une chere morne et triste, il pria luy mesme
soubs main l'un des tribuns qu'il allast oster Caton d'entre
les mains des sergens. Depuis lequel acte il y eut peu de
senateurs qui se voulussent trouver soubz luy president au
senat, ains ne pouvans supporter les choses qu'il faisoit, s'en
alloient hors de la ville : entre lesquelz il y en eut un fort
vieil, nommé Considius, qui luy dit un jour franchement, que
c'estoit pour la crainte de ses armes que les autres n'y ozoient
comparoir : et Cæsar luy respondit, « Et que ne te tiens tu
donques toy mesme pour la mesme crainte en ta maison » ?
A quoy Considius luy repliqua, « Pource que ma vieillesse
« m'oste la crainte : car ayant desormais si peu à vivre, je
« ne me soucie plus gueres de la contregarder ». Mais la plus
villaine chose qui fut faitte en tout le consulat de Cæsar,
semble avoir esté, de faire eslire Publius Clodius tribun du
peuple, qui luy avoit fait un si grand oultrage en sa femme,
et avoit pollu et violé les sainctes veilles mystiques des dames,
qui se faisoient dedans sa maison. Ce Clodius ne cherchoit à
se faire eslire tribun du peuple pour autre raison, que pour
ruiner Ciceron, et Cæsar mesme ne se partit point de Rome
pour aller trouver son armée, qu'il ne les eut attachez l'un à
l'autre, et chassé Ciceron hors de l'Italie. Voilà ce que lon
treuve qu'il feit avant les guerres de la Gaule.

XIX. Mais le temps des grandes armes et conquestes qu'il
feit depuis, et de la guerre, en laquelle il subjugua et dompta
toutes les Gaules, prenant un tout autre commencement de

vie, et entrant en une façon de faire toute differente du passé, le feit cognoistre aussi grand homme de guerre, et aussi excellent capitaine, que nul des autres, qui onques furent renommez pour sages et vaillans chefs d'armées, et qui plus ont acquis de gloire pour leurs haults faicts de prouesse. Car qui luy voudra comparer tous les Fabiens, les Scipions, les Metelles, et ceulx mesme de son temps, ou un peu plus anciens, comme un Sylla, un Marius, les deux Luculles, et Pompeius mesme,

> Duquel le nom jusques aux cieulx s'esleve,

on trouvera que les gestes de Cæsar en toute vertu militaire et preference au faict de la guerre, les surmontent tous entierement. L'un en mal-aisance des païs, où il feit ses conquestes : l'autre en l'estendue des regions qu'il adjouxta à l'empire Romain : l'autre en multitude et puissance des ennemis qu'il desfeit : l'autre en dureté et aspreté des hommes ausquelz il eut affaire, les meurs desquelz il polit et addoulcit depuis : l'autre en doulceur, humanité et clemence vers ceulx qu'il avoit pris : l'autre en liberalité et beneficence grande vers ceulx qui combatirent soubz sa charge en ces guerres, et tous en nombre des journées qu'il gaigna, et multitude des ennemis qu'il occit en bataille. Car en moins de dix ans que dura la guerre de la Gaule, il prit d'assault ou par force, huit cents villes, subjugua trois cents nations : et ayant eu devant soy en bataille trois millions d'hommes armez, à plusieurs fois, il en occit un million, et en prit de prisonniers bien autant.

XX. Au reste il se feit tant aimer de ses gens, qu'ilz furent si ardemment affectionnez à luy faire service, qu'au lieu qu'ilz n'estoient rien plus que les autres, quand ilz combatoient pour quelque autre querelle, s'il estoit question de l'honneur ou de la gloire de Cæsar, alors ilz estoient invincibles, et se jettoient la teste baissée à tout peril, par telle fureur que nul ne les pouvoit soustenir. Comme lon peut cognoistre par l'exemple d'Acillus, qui en une bataille navale qu'il eut devant la ville de Marseille, estant saulté dedans un vaisseau des ennemis y eut la main droitte abbatue d'un coup d'espée, et neantmoins pour cela n'abandonna point son bouclier qu'il tenoit de la main gauche, ains en poulsant et frappant les ennemis aux visages, les feit tous fouir, de

maniere qu'il demoura maistre du vaisseau : et Cassius Scæva
en une rencontre près de la ville de Dyrrachium, ayant eu
l'œil crevé d'un coup de traict, l'espaule percée d'un coup
de javelot, et la cuisse aussi d'un autre, et ayant receu sur
son pavois trente coups de flesches, appella les ennemis
faignant de se vouloir rendre à eulx : mais comme deux y
fussent accourus, il avalla l'espaule à l'un d'un coup d'espée,
et blecea l'autre au visage, de sorte qu'il luy feit tourner le
dos, et à la fin encore se sauva il, par ce que quelques uns de
ses compagnons y accoururent au secours. Et en Angleterre,
comme les chefz des bandes se fussent jettez les premieres
dedans un marets plein d'eau et de bourbe, et les ennemis
leur y courussent sus asprement, il y eut un simple soudard, qui en la presence de Cæsar, lequel voyoit à l'œil
tout le combat, se jetta au millieu des combatans, et y faisant
de grands et admirables efforts de prouesse, continua si
vaillamment, qu'il feit en fin prendre la fuite aux Barbares,
et sauva les capitaines des bandes, qui autrement estoient en
grand danger de leurs personnes : puis passans le marets le
dernier de tous avec grande difficulté à travers de l'eau
boueuse et fangeuse, partie à nage, et partie à pied, il feit
tant à la fin qu'il gaigna l'autre rive, mais ce fut sans son
bouclier. Cæsar s'esmerveillant de son gentil cueur, luy alla
au devant avec grands cris de joye pour le cueillir et caresser :
mais le soudard au contraire, la teste baissée et la larme à
l'œil, se jetta à ses pieds, luy requerant pardon de ce qu'il
avoit abandonné son bouclier. Et en Afrique, Scipion ayant
surpris une des navires de Cæsar, dedans laquelle estoit entré
Granius Petronius, de nagueres esleu quæsteur, il feit mettre
en pieces tous les autres, et quant au quæsteur, il dit qu'il luy
donnoit la vie. Mais Petronius luy respondit : « Que les sou-
« dards de Cæsar n'avoient point accoustumé de recevoir en
« don, ains de donner la vie aux autres », et en disant cela
il se passa son espée propre à travers le corps, et se tua luy
mesme.

XXI. Or ce qui engendroit et nourissoit ceste grandeur de
courage, et ceste affection vehemente de bien faire en eulx,
c'estoit Cæsar luy mesme, premierement en leur donnant, et
en les honorant largement, et leur faisant cognoistre par
effet, qu'il n'amassoit point des richesses à la guerre pour

vivre puis après en delices à son plaisir, ny pour en abuzer à
ses propres voluptez, ains que c'estoit un prix et salaire
commun de la vertu qu'il serroit pour en recompenser les
hommes de valeur et les gens de bien, auquel salaire il ne
participoit luy mesme, sinon en tant qu'il le departoit aux
soudards qui le meritoient : et puis en s'exposant luy mesme
le premier franchement à tout peril, et ne se lassant jamais
de travail quelconque : et quant à sa hardiesse de se hazarder
ainsi adventureusement à tout danger, ilz ne s'en esbahis-
soient pas tant, sachans bien que c'estoit la convoitise de
gloire, dont il estoit enflammé, qui l'inclinoit à ce faire :
mais la fermeté qu'il avoit de supporter tous travaux plus
que les forces de son corps ne portoient, c'estoit ce qui plus
les faisoit esmerveiller : car il estoit gresle et menu de cor-
sage, et avoit la charnure blanche et molle, subject à douleurs
de teste, et si tumboit quelquefois du mal caduc, lequel luy
prit la premiere fois, comme lon dit, à Gordube ville d'Hespagne : mais il ne se servit pas de la foiblesse de son corps,
pour une couverture de se traitter mollement et delicatement,
ains au contraire il prit les labeurs de la guerre comme une
medecine pour guarir l'indisposition de sa personne, combatant à l'encontre de sa maladie en estant continuellement par
chemin, en vivant sobrement, et en couchant à l'air ordinairement : car la plus part des nuicts, il dormoit dedans un
chariot, ou dedans une littiere, employant par ce moyen son
repos à faire tousjours quelque chose. Et de jour en allant
par païs visitant les villes, les places fortes, ou les camps
fortifiez, il avoit tousjours auprès de luy dedans son chariot
un secrettaire assis, lequel estoit accoustumé à escrire en
allant par païs, et un soudard derriere luy qui portoit son
espée, combien qu'il allast en si grande diligence, que la
premiere fois qu'il sortit de Rome, avec charge publique, il
arriva en huit journées à la riviere du Rosne. Or d'estre bien
à cheval et y avoir ferme tenue, ce luy estoit chose fort aisée,
pource qu'il l'avoit apprise dès son enfance, s'estant accoustumé à donner carriere à un cheval courant à toute bride, en
tenant ses mains entrelacées derriere son dos. Mais en la
guerre de la Gaule, il s'exercita encore davantage à dicter
lettres missives en chevauchant par les champs, et à fournir
à deux secretaires ensemble, tant qu'ilz en pouvoient escrire,

encore dit Oppius à plus de deux, et dit on que ce fut luy qui inventa le premier la maniere de parler avec ses amis par chiffre de lettres transposées, quand il n'avoit pas loisir de parler de bouche à eulx pour la pressive necessité de quelque affaire, ou pour la multitude dé ses occupations, ou pour la grande estendue de la ville de Rome.

XXII. Et pour monstrer sa facilité et simplicité grande en son vivre ordinaire, on allegue cest exemple, que Valerius Leo un sien hoste, luy donnant un jour à soupper en la ville de Milan, servit à table des asperges où lon avoit mis d'un huile de senteur au lieu d'huile : il en mangea simplement, sans faire semblant de rien, et tensa ses amis qui s'en offensoient, en leur disant qu'il leur devoit bien suffire de n'en manger point si cela leur faisoit mal au cueur, sans en faire honte à leur hoste, et que celuy qui se plaignoit de telle incivilité, estoit bien incivil luy mesme. Quelque autre fois en allant par païs il fut contrainct par une grosse tempeste qui se leva soudainement, de se heberger en la maisonnette d'un pauvre païsan, où il n'y avoit pour tout logis qu'une seule chambre si petite, qu'il n'y pouvoit gesir qu'une seule personne, encore bien maigrement : il dit à ses amis qui l'accompagnoient, « Il faut ceder les lieux honorables aux « plus grands, et les necessaires aux plus malades ». Suivant lequel propos, il voulut que Oppius, qui estoit mal disposé, couchast à couvert, au dedans, et luy avec ses autres amis, coucha soubz la saillie de la couverture de la maison au dehors.

XXIII. Au demourant, la premiere guerre qu'il eut à son arrivée en la Gaule, fut contre les Helvetiens, et contre les Tiguriniens, lesquelz ayans bruslé leurs bonnes villes jusques au nombre de douze, et bien quatre cents bourgades, vouloient passer à travers celle partie de la Gaule, qui estoit en l'obéïssance des Romains, ne plus ne moins qu'avoient fait ancienement les Cimbres, ausquelz ilz ne cedoient point en hardiesse, et si estoient bien en aussi grand nombre, comme de trois cents mille ames en tout, dont il y en avoit cent quatre vingtz et dix d'hommes portans les armes. Ce ne fut pas luy mesme en personne qui desfeit les Tiguriniens, ains fut Labienus l'un de ses lieutenans qu'il y envoya, et qui les desfeit au long de la riviere d'Arar : mais les Helvetiens les vindrent charger luy mesme au desprouveu par le chemin, ainsi comme il conduisoit son armée vers une ville de ses alliez. Quoy voyant, il se hasta de gaigner vistement un lieu fort d'assiette, auquel il rengea ses gens en bataille, et comme on luy eust amené son cheval de bataille pour monter dessus, il dit : « Quand j'auray rompu les ennemis, « je monteray alors dessus, pour les chasser et poursuivre : « mais pour ceste heure, allons les charger ». En disant cela il marcha à pied, et alla dedans, où il demoura longuement à combatre, avant que pouvoir forcer ceulx qui estoient en bataille : mais le plus grand affaire fut encore à forcer leur camp, et le rempart qu'ilz avoient fait de leur charroy : pource que là non seulement ceulx qui avoient esté rompus en la bataille, se rallierent ensemble, et feirent teste, mais aussi leurs femmes et leurs enfants combatans jusques au dernier souspir, se feirent tous tailler en pieces, de sorte qu'à peine fut achevé le combat à minuict. Si l'acte de ceste victoire fut beau de soy mesme, il y en adjouxta encore un autre autant ou plus beau, c'est qu'il remeit ensemble les Barbares, qui estoient eschappez de la bataille en nombre de bien cent mille ames, et les contraignit de retourner au païs qu'ilz avoient laissé, et aux villes qu'ilz avoient eulx mesmes bruslées : ce qu'il feit de peur que les Allemans passans le Rhin ne vinssent occuper ce païs là comme vacant.

XXIV. La seconde guerre fut ouvertement en defendant les Gaulois contre les Allemans, combien que luy mesme non gueres au paravant eust fait recevoir et advouer leur roy Ariovistus pour amy et allié du peuple Romain : mais ilz estoient insupportables à leurs voisins, et si estoit tout apparent, que là où le moyen et l'occasion se presenteroit de eulx eslargir, ilz ne se contenteroient pas de ce qu'ilz tenoient, ains voudroient usurper et occuper aussi le reste de la Gaule : et sentant que quelques uns de ses capitaines restifvoient de peur, mesmement les jeunes hommes des nobles maisons de Rome, qui pensoient estre venuz à la guerre soubs luy, comme pour un esbat, et pour s'enrichir, et prendre leur plaisir seulement, il teint assemblée de conseil, là où il leur commanda, que ceulx qui auroient peur se retirassent, et qu'ilz ne se presentassent point envis à la bataille, puis qu'ilz avoient les cueurs si lasches et si foibles que de reculer au besoing, et qu'au regard de luy il estoit tout resolu d'aller trouver les Barbares, quand il n'auroit que la dixieme legion seulement : « Pource, disoit-il, que ny les ennemis, ausquelz « ilz avoient à faire, n'estoient point plus vaillans que les « Cimbres, ny Marius n'avoit point esté plus grand capitaine « que luy ». Ceste harengue entendue, les soudards de la dixieme legion luy envoyerent des ambassadeurs pour le remercier de la bonne opinion qu'il avoit d'eulx, et les autres legions injurierent leurs capitaines, et tous ensemble le suivirent plusieurs journées en bonne intention et bonne affection de bien faire leur devoir, jusques à ce qu'ilz arriverent à douze lieuës près des ennemis.

XXV. Si fut adonc l'insolence et la braverie d'Ariovistus bien refroidie, quand il entendit ceste arrivée, à cause que les Romains venoient assaillir et chercher les Allemans, au lieu qu'ilz n'esperoient pas et ne faisoient pas leur compte qu'ilz les deussent attendre seulement, au moyen dequoy ne s'estant jamais douté qu'il en peust ainsi advenir, il admiroit grandement la hardiesse de Cæsar, joint qu'il voyoit que son armée en estoit toute troublée. Mais ce qui plus encore rebouchoit la poincte de leurs courages, estoient des femmes devineresses qu'ilz avoient entre eulx, lesquelles faisoient profession de cognoistre et predire les choses à advenir, en considerant les tournoyemens des rivieres, les tourbillons et le bruit que font les eaux en coulant à val, et toutes ces choses considerées leur defendoient de venir à la bataille jusques à la nouvelle lune : dequoy Cæsar estant adverty, et voyant que pour ceste raison les Barbares ne se bougeoient, estima qu'il seroit bon de les aller assaillir, ce pendant qu'ilz estoient ainsi descouragez par cette superstition, plus tost que de perdre temps à attendre leur occasion : et les allant escarmoucher jusques dedans leurs forts, et jusques dessus des coustaux et collines, où ilz s'estoient logez et fortifiez, les irrita tant, qu'à la fin ilz descendirent tous courroucez en la plaine, là où ilz furent rompus en bataille rengée, et chassez par l'espace de bien dix-huit lieuës de païs, jusques à la riviere du Rhin, et fut la campagne, qui est entre deux, toute couverte de morts et de despouilles. Mais Ariovistus gaignant le devant de vistesse, passa le Rhin, et se sauva avec peu de ses gens : car on dit qu'il mourut bien en ceste desconfiture jusques au nombre de quatre vingts mille hommes.

XXVI. Après lequel exploit Cæsar laissa son armée pour
hyverner en garnison dedans le païs des Sequaniens. et
luy cependant voulant entendre aux affaires de Rome, passa
en la Gaule, à travers laquelle court la riviere du Po,
estant partie du gouvernement qui luy avoit esté donné,
pource que la riviere qui s'appelle Rubicon, fait la separation
de la Gaule, qui est deçà les Alpes, d'avec le reste de l'Italie :
là où faisant sejour, il alloit prattiquant et gaignant amis
dedans Rome, à cause que plusieurs l'y alloient veoir, ausquelz il donnoit tout ce dont ilz avoient affaire, et les renvoyoit bien garnis de bons presens, et encore plus de promesses et d'esperances pour l'advenir. Et durant tout le temps
de ceste conqueste des Gaules, Pompeius ne se donna point
garde, que reciproquement il subjuguoit les Gaules par les
armes des Romains, et gaignoit les Romains par l'argent des
Gaulois : mais ayant nouvelles que les Belges, qui sont les
plus belliqueux et les meilleurs hommes de guerre des Gaulois, tenans la tierce partie de la Gaule, s'estoient soublevez,
ayans mis ensemble grand nombre de combatans armez, il
dressa incontinent son chemin celle part en toute diligence,
et les trouva comme ilz couroient et pilloient le païs de leurs
voisins Gaulois alliez des Romains : si leur donna la bataille,
et en desfeit la plus grande partie qu'il trouva en trouppe,
s'estant portée laschement au combat, tellement qu'il en tua
si grand nombre, que pour la multitude des corps morts les
Romains passoient à pied les rivieres profundes, les lacs et
les estangs qui en estoient comblez.

XXVII. Depuis laquelle desfaitte, ceulx qui sont les plus
maritimes et plus voisins de l'Ocean, se rendirent à luy sans
coup ferir, à raison dequoy il mena son armée contre les
Nerviens, les plus aspres et plus belliqueux de toutes ces
marches là, lesquelz habitans en païs pleins de bois, avoient
retiré leurs femmes, leurs enfans et leurs biens, en un fond
de forest, le plus arriere qu'ilz avoient peu de leurs ennemis,
et eulx en nombre de plus de soixante mille combatans
vindrent un jour en dessoude courir sus à Cæsar, ainsi comme
il se logeoit, et qu'il entendoit à faire fortifier son camp, ne
se doubtant de rien moins que d'avoir la bataille ce jour là.
Si rompirent de primsault la chevalerie Romaine, et envi-
ronnans la douzieme et septieme legion, en tuerent tous les

capitaines et chefz des bandes : et n'eust esté que Cæsar luy
mesme prenant un pavois sur son bras, et fendant la presse
de ceux qui combatoient au devant de luy, s'alla ruer à travers les Barbares, et que la dixieme legion voyant sa personne en danger, accourut celle part de dessus un cousteau
où elle estoit en bataille, et fendit les rencs des ennemis, il
ne se fust pas ce jour là sauvé un seul homme des Romains :
mais prenans exemple à la prouesse de Cæsar, ilz combatirent, ainsi que lon dit en commun langage, par dessus leur
puissance : et neantmoins encore ne peurent ilz faire tourner
le dos à ces Nerviens, ains fallut qu'ilz les taillassent tous en
pieces sur le champ : car on escrit que de soixante mille
combatans qu'il y avoit, il ne s'en sauva que cinq cents, et
trois de leurs conseillers seulement, de quatre cents qu'ilz
estoient. Ce que le senat Romain ayant entendu, ordonna
que lon sacrifieroit aux dieux, et feroit on processions et
festes chommées par l'espace de quinze jours durant, n'en
ayant jamais au paravant esté tant ordonné à Rome pour
victoire quelconque qui eust esté gaignée, pource que lon
trouva que le danger avoit esté fort grand pour s'estre tant
de nations soublevées tout à un coup : mais encore l'amour
et la bienveuillance que le commun peuple portoit à Cæsar,
faisoit trouver la victoire plus glorieuse et plus illustre : car
quand il avoit donné ordre aux affaires de ia Gaule de delà
les monts, il s'en venoit tousjours passer son hyver aux
environs du Po, pour disposer les choses de Rome à sa
devotion.

XXVIII. Car non seulement ceulx qui briguoient les offices
estoient eleuz par le moyen de l'argent qu'il leur fournissoit,
dont ilz corrompoient et acheptoient les voix du peuple, et
faisoient puis après en leurs magistrats tout ce qu'ilz pouvoient pour accroistre et augmenter sa puissance : mais aussi
la plus part des plus grands et plus nobles personnages
allerent jusques à Lucques par devers luy, comme Pompeius,
Crassus et Appius gouverneur de la Sardaigne, et Nepos vice-
consul en Hespagne, tellement qu'il s'y trouva pour une fois
six vingts sergens portans verges et haches devant les magistrats, et des senateurs plus de deux cents, lesquelz teindrent
conseil ensemble, là où ilz arresterent que Pompeius et
Crassus seroient eleuz pour l'année ensuivant une autre fois

consulz, que lon feroit de nouveau ordonner argent à Cæsar, pour l'entretenement de son armée et prolonger le temps de son gouvernement, pour autres cinq ans. Cela sembla fort estrange et fort desraisonnable aux gens de bien et de bon sens, car ceulx mesmes à qui Cæsar donnoit et fournissoit tant d'argent, alloient preschans et suadans au senat, que lon luy en devoit decerner et ordonner du public, comme s'il n'en eust point eu, ou pour mieulx dire, contraignoient le senat de souspirer et gemir en voyant les choses qu'ilz mettoient en avant. Caton n'y estoit pas present, car on l'avoit expressement envoyé en Cypre : mais Faonius qui suivoit la trace de Caton, quand il veit qu'il ne gaignoit rien à y resister et contredire, se jetta hors du senat en courroux, et s'en alla criant parmy le peuple, que c'estoit une grande honte : mais personne ne lui prestoit l'oreille, les uns pour la reverence qu'ilz portoient à Pompeius et à Crassus, les autres pource qu'ilz desiroient favoriser aux affaires de Cæsar, comme sur lequel ilz avoient fondé toute leur esperance : au moyen dequoy, ilz ne s'en emouvoient de rien.

XXIX. Au demourant, Cæsar s'en retournant en la Gaule de delà les monts, trouva une grosse guerre au païs, à cause que deux grandes et puissantes nations d'Allemagne avoient de nagueres passé le Rhin, pour y conquerir de nouvelles terres, et s'appelloit l'une de ces nations les *Ipes*, et l'autre les *Tenterrides* : et quant à la bataille que Cæsar leur donna, il en escrit luy mesme en ses Commentaires, de ceste sorte : que les Barbares ayans envoyé devers luy, et fait trefves pour quelques temps, ce neantmoins luy vindrent courir sus ainsi comme il passoit son chemin, tellement que huit cents de leurs hommes d'armes en rompirent cinq mille des siens, pource qu'ilz ne s'en doutoient ny ne s'en deffioient point aucunement : et qu'ilz luy renvoyerent encore d'autres ambassadeurs pour l'abuser une autre fois, lesquelz il reteint, et feit quant et quant marcher toute son armée contre eulx, estimant estre simplesse de garder foy ne loy à telz Barbares si desloyaux et si infideles : mais Canusius escrit que comme le senat decernast que lon sacrifiast encore, et que lon feist de nouveau des processions et des festes en l'honneur des dieux pour leur rendre graces de celle victoire, Caton au contraire fut d'opinion qu'il falloit livrer Cæsar entre les mains des Barbares, pour descharger et purger la chose publique du crime de foy violée, et en destourner la malediction sur celuy seul qui en estoit autheur. Il estoit bien passé de ces Barbares, jusques au nombre de quatre cents mille chefs, lesquels furent presque tous desfaits, exceptée quelque petite trouppe qui s'estant sauvée de la desconfiture, repassa le Rhin.

XXX. Les Sycambriens, qui sont une autre nation d'Allemagne, les recueillirent : et Cæsar prenant ceste occasion, avec la bonne envie qu'il avoit autrement d'acquerir la gloire d'estre le premier homme Romain, qui eust passé le fleuve du Rhin avec armée, bastit un pont dessus. C'est une riviere fort large, mesmement à l'endroit où il dressa son pont : car il se respand là fort loing tant d'un costé que d'autre, et si est son cours fort aspre et fort roide, tellement que les troncs d'arbres et les grosses pieces de bois que l'on jettoit à val la riviere, avoient grand coup, et faisoient grand effort contre les poultres qui soustenoient le pont : mais pour resister à leur choc, et aussi pour rompre et alentir un peu l'impetuosité du fil de l'eau, il feit planter au dessus de son pont des defenses de grosses pieces de bois que l'on ficha à force au fond de la riviere, et eut en l'espace de dix jours dressé et achevé son pont de la plus belle charpenterie, et à veoir de plus ingénieux devis, que l'on sçauroit penser ne croire : et passant son armée par dessus, ne trouva personne qui s'ozast presenter en bataille devant luy : car les Sueviens mesmes, qui estoient les plus belliqueux de toute la Germanie, s'estoient retirez avec leurs biens en des profondes vallées et fondrieres toutes couvertes de bois et de forests : parquoy après y avoir bruslé le païs de ses ennemis, et asseuré ceulx qui toujours avoient tenu le party des Romains, il s'en retourna de rechef en la Gaule, après avoir demouré dix huit jours en tout dedans l'Allemagne au delà du Rhin.

XXXI. Le voyage qu'il feit aussi en Angleterre, fut d'une hardiesse grandement recommandable : car ce fut luy premier qui navigua l'Ocean occidental avec armée navale, et qui à travers la mer Atlantique passa son armée pour aller faire la guerre en ceste isle, si grande, que plusieurs des anciens n'ont pas voulu croire qu'elle fust en nature, et qui a mis plusieurs historiens en grande dispute, maintenans que c'es-

toit chose faulse et controuvée à plaisir, et luy fut le premier
qui commencea à la conquerir, et qui estendit l'empire
Romain plus avant que le rond de la terre habitable : car il
y passa par deux fois de la coste opposite, vis-à-vis en la
terre ferme de la Gaule, et en plusieurs batailles qu'il y eut,
feit plus de dommage aux ennemis que de profit à ses gens,
pource qu'ilz n'eussent sceu rien prendre ny gaigner, qui
eust valu, sur des hommes pauvres et necessiteux : au moyen
dequoy sa guerre n'y eut pas telle issue comme il la desiroit,
ains prenant seulement des ostages du roy, et luy imposant
certain tribut qu'il payeroit par chascun an au peuple Romain, s'en retourna de rechef en la Gaule, là où il trouva à
sa descente des lettres prestes à passer la mer, par lesquelles
ses amis luy mandoient de Rome le trespas de sa fille,
laquelle estoit morte en travail d'enfant chez Pompeius, dont
Pompeius mesme et Cæsar aussi menerent grand dueil, et
leurs amis s'en trouveront fort troublez, pensans bien que
l'alliance qui maintenoit la chose publique, laquelle autrement n'estoit pas gueres saine, en quelque paix et en quelque repos, estoit dissoulte et rompue : mesmement pource
que l'enfant, après avoir peu de jours survescu sa mere,
mourut aussi. Si prit la commune le corps de Julia, en despit
qu'en eussent les tribuns du peuple, et le porta au champ de
Mars, là où elle fut inhumée.

XXXII. Mais Cæsar ayant esté contraint de departir son
armée en plusieurs garnisons pour hyverner, tant elle estoit
grande et grosse : et s'en estant allé, pendant l'hyver, du
costé de l'Italie, comme il avoit accoustumé, toute la Gaule à
un coup se souleva en armes, et meit sus de puissans exer-
cites, qui allerent çà et là courir sus aux soudards Romains,
et essayer à forcer les forts où ilz s'estoient logez en leurs
garnisons. Le plus grand nombre, et des plus belliqueux
Gaulois qui fussent de ceste conspirée rebellion, estoit conduit
par un nommé Ambiorix, et s'addresserent premierement aux
garnisons de Cotta et de Titurius qu'ilz occirent, eulx et tout
ce qu'ilz avoient de gens de guerre quant et eulx :
puis allerent assieger avec soixante mille combatans la garnison qui estoit soubs la charge de Quintus Ciceron, et s'en
fallut bien peu qu'ilz ne la prissent à force, pource que les
soudards y furent tous entierement blecez : mais ilz eurent

si bon cueur qu'ilz feirent en se defendant plus, par maniere
de dire, qu'ilz ne pouvoient. Ces nouvelles venues à Cæsar,
qui en estoit lors bien loing, il s'en retourna en extreme diligence, et ayant assemblé sept mille hommes de guerre en
tout, se hasta d'aller secourir Ciceron, qui estoit ainsi pressé.
Les assiegeans en furent advertis, qui leverent incontinent
leur siege pour luy aller à l'encontre, faisans leur compte,
qu'ilz l'emporteroient tout du premier coup, à cause qu'il
avoit si peu de gens. Cæsar pour les abuser, reculoit tousjours
en arriere, et faisoit semblant de fouir devant eulx, se
logeant en lieux propres pour capitaine qui a à combattre
avec peu de gens, contre grand nombre d'ennemis, defendant
à ses soudards de sortir du logis à l'escarmouche en quelque
sorte que ce fust, et les contraignant de haulser les rempars
de son camp, et d'en fortifier les portes, comme gens qui ont
peur, à fin que les ennemis l'en eussent en plus grand mespris, jusques à ce qu'il espia l'occasion qu'ilz vindrent un
jour en desordre assaillir les trenchées de son camp, tant ilz
furent pleins de presumptueuse temerité : et alors faisant une
saillie sur eulx, les meit tous en fuitte avec meurtre d'un bien
grand nombre. Ce qui amortit et appaisa les rébellions des
Gaulois en ce quartier là, joint que luy mesme en personne
alloit au cueur d'hyver ès lieux où il entendoit qu'il se remuoit quelque nouvelleté, pource qu'il luy estoit venu de
l'Italie un renfort de trois legions entieres, au lieu de celles
qu'il avoit perdues, deux que Pompeius luy avoit prestées
des siennes, et une qu'il avoit nouvellement levée en la
Gaule d'alentour du Po.

XXXIII. Mais en ces entrefaittes, les commencemens de la
plus grande et plus perilleuse guerre qu'il eut en toute la
Gaule, ayant esté de longue main projettez et menez secrettement par les principaux hommes des plus belliqueuses
nations du païs, se descouvrirent tout à un coup, y ayant
une puissance grande à merveilles tant pour le grand amas
de gens de guerre qu'ilz leverent, et d'armes qu'ils assem-
blerent de toutes parts, comme pour les richesses qu'ilz
meirent ensemble, pour les fortes places qu'ilz preparerent,
et pour la malaisance des païs où ilz se soubleverent, mesmement lors qu'il estoit encore la saison d'hyver, auquel les
rivieres estoient gelées, les bois et forests couvertes de neges,

les campagnes noyées de torrens, et les champs comblez de
nege si haulte, que lon ne pouvoit pas recognoistre les chemins, les maretz, ruisseaux et rivieres sorties hors de rives
et desbordées, rompans ou couvrans et cachans les voyes
publiques. Toutes lesquelles difficultez ensemble, estoient
bien, à ce qu'il leur estoit advis, suffisantes pour empescher
que Cæsar ne peut courir sus à ceulx qui s'estoient rebellez.
Si estoient plusieurs nations ensemble, qui avoient conspiré
ceste rebellion : mais les deux principales estoient les Arverniens et les Carnutes qui avoient eleu pour capitaine
en chef, et auquel ilz avoient donné la superintendence de
toute celle guerre, un Vercingentorix, duquel au para
vant les Gaulois avoient fait mourir par justice le pere, à
cause qu'il leur sembla qu'il aspirast à se faire roy. Ce Vercingentorix donques divisant ses forces en plusieurs parties,
et y commettant à chascune plusieurs particuliers capitaines
soubs luy, avoit si bien prattiqué, qu'il avoit tiré à sa ligue
tous les peuples d'alenviron jusques à ceulx qui sont devers
la mer Adriatique, ayant entrepris de faire prendre les armes
tout à un coup à toute la Gaule ensemble, de tant plus mesmement qu'il estoit bien adverty, que ceulx de Rome se ben-
doient desja à l'encontre de Cæsar : tellement que s'il eust
attendu un peu plus tard, jusques à ce que Cæsar fust entré
en ses guerres civiles, il eust mis l'Italie en aussi grande
crainte et aussi grand danger, qu'elle avoit esté du temps
des Cimbres.

XXXIV. Mais Cæsar qui conduisoit très sagement toutes
choses appartenantes au faict de la guerre, et qui sur tout se
sçavoit très bien servir à poinct de l'occasion du temps, si
tost qu'il entendit les nouvelles de ce soublevement, se partit
en diligence, retournant par les mesmes chemins qu'il estoit
allé, faisant cognoistre aux Barbares qu'ils avoient affaire à
une force invincible, et à laquelle il leur seroit impossible de
resister, veu la diligence extreme qu'il avoit faitte avec son
armée, par un si cruel hyver : car là où ilz n'eussent peu
croire que un simple messager fust venu en si peu de temps
de là où il estoit jusques à eulz, ilz furent esbahiz qu'ilz le
veirent avec tout son exercite, gastant et bruslant leur plat
païs, forceant et destruisant leurs villes et places fortes, et
recevant à mercy ceulx qui se retournoient devers luy, jus-

ques à ce que les Heduiens prirent les armes contre luy,
lesquelz au paravant se souloient nommer freres des Romains,
et estoient grandement honorez par eulx : à l'occasion dequoy,
les gens de Cæsar quand ilz entendirent comme ilz s'estoient
conjoints avec les peuples conjurez, en receurent grand desplaisir, et en furent descouragez : et pour ceste cause Cæsar
se partant de là passa à travers le païs des Lingones, pour
entrer en celuy des Sequaniens, qui estoient amis des Romains,
et les plus près de l'Italie de ce costé là, au regard du reste
de la Gaule. Là le vindrent les ennemis assaillir et environner
de tous costez, avec un nombre infiny de milliers de combatans : et luy aussi ne faillit pas de les attendre, et combatre
si bien, qu'avec le temps et l'effroy qu'il leur donna, il les
rengea finablement à sa voulunté : mais du commencement
pourtant il semble qu'il y receut quelque secousse, car les
Arverniens monstroient en un de leurs temples, une espée
pendue, qu'ilz disoient avoir esté gaignée sur Cæsar, et luy
mesme depuis en passant un jour par là, la veit, et s'en prit
à rire, et comme ses amis la voulussent faire oster de là, il
ne voulut pas qu'ilz le feissent, disant qu'il n'y falloit pas
toucher, puis que c'estoit chose sacrée : toutefois à ce premier
commencement, ceulx qui se sauverent de vistesse, ou la plus
part d'iceulx se retirerent et s'en fouirent avec leur roy dedans la ville d'Alexia, devant laquelle Cæsar alla mettre
le siege, encore qu'elle semblast estre imprenable, tant pour
la haulteur des murailles, que pour la multitude des hommes
de defense qu'il y avoit dedans.

XXXV. Mais durant ce siege il luy survint un peril de dehors plus grand que lon ne sçauroit à peine exprimer : car
une armée de bien trois cents mille combatans, les meilleurs
qui fussent entre toutes les nations de la Gaule, le vint trouver ainsi qu'il estoit au siege devant Alexia, oultre ceulx qui
estoient renfermez dedans la ville, qui ne montoient pas moins
de soixante et dix mille : tellement que se trouvant enserré
entre deux si grosses puissances, il fut contraint de se fortifier de deux murailles, l'une contre ceulx de la ville, et l'autre
contre ceulx de dehors, pource que si ces deux grosses puissances se fussent jointes et assemblées ensemble, c'eust esté
fait de Cæsar : parquoy ce siege d'Alexia, et la bataille qu'il
gaigna devant, à bon droit luy acquirent plus d'honneur et

de gloire, que nulle autre, pource que ce fut le danger où il feit plus d'actes de prouesse, de hardiesse, de bon sens et sagesse, qu'il ne feit en affaire où il se trouvast onques. Mais ce qui fait plus à esmerveiller en cela, est, que ceulx de la ville ne sceurent jamais rien de ceulx qui les venoient secourir, sinon après que Cæsar les eust desfaits, et encore plus, que les Romains mesmes, qui estoient ordonnez pour garder la muraille bastie contre la ville, n'en sceurent rien non plus, sinon après le faict, quand ilz entendirent le cry des hommes, et les lamentations des femmes qui estoient dedans Alexia, quand ilz apperçeurent aux autres costez de la ville force pavois estoffez d'or et d'argent, force cuiraces et corselets sanglans, force meuble et vaisselle, force tentes et pavillons faits à la mode des Gaulois, que les Romains apportoient de la desconfiture en leur camp, tant ceste grosse puissance disparut et s'esvanouit soudainement, ne plus ne moins qu'un fantasme ou un songe, ayant esté la plus part occise en un jour de bataille sur le champ. Au reste ceulx d'Alexia après avoir donné beaucoup de travail et à Cæsar et à eulx mesmes, finablement se rendirent : et Vercingentorix, celuy qui avoit suscité et conduit toute ceste guerre, s'estant armé de ses plus belles armes, et ayant aussi paré et accoustré son cheval de mesme, sortit par les portes de la ville, et alla faire un tour tout à cheval à l'entour de Cæsar, estant assis en sa chaire : puis descendant à pied, osta tous les ornemens à son cheval, et despouilla toutes ses armes, qu'il jetta en terre, et s'alla seoir aux pieds de Cæsar sans mot dire, jusques à ce que Cæsar le bailla en garde comme prisonnier de guerre, pour après le mener à Rome en triumphe.

XXXVI. Or avoit Cæsar de long temps proposé et entrepris de ruiner Pompeius, comme aussi Pompeius luy, pource qu'ayant Crassus esté tué par les Parthes, qui seul pouvoit espier, que l'un d'eulx deux donnast en terre, il ne restoit plus à Cæsar pour se faire le plus grand, que de destruire Pompeius qui l'estoit, ny à Pompeius pour obvier à ce que cela ne luy advinst, que de desfaire le premier Cæsar, que seul il craignoit : combien qu'il n'y avoit pas long temps qu'il commenceoit à le craindre, pource que jusques à un peu devant ce temps il avoit tousjours fait peu de compte de luy, esti-

mant que ce luy seroit tousjours chose bien facile de desfaire,
quand il voudroit, celuy qu'il avoit fait tel comme il estoit.
Mais Cæsar au contraire, s'estant dès son commencement
proposé ce but là, comme un champion de lucte, qui n'estudie
sinon comment il pourra terrasser et abattre ses adversaires,
se retira à l'escart loing de Rome pour s'exciter en ces guerres
de la Gaule, là où il aguerrit son armée, et quant et quant
augmenta la gloire de son nom par ses haults faicts d'armes : de
maniere qu'il se vint à égaler aux gestes de Pompeius, et ne luy
resta plus pour executer et mettre à effect son entreprise, que
quelques occasions coulorées, que Pompeius en partie luy
donna, et en partie aussi les temps luy apporterent, et sur
tout le mauvais gouvernement qu'il y avoit pour lors en la
chose publique Romaine, par ce que ceulx qui y poursuivoient
les estats et offices, acheptoient les voix du peuple à beaux
deniers comptans, qu'ilz delivroient publiquement à la
bancque sans vergongne ne crainte quelconque, et venoit le
commun populaire ayant vendu ses voix à prix d'argent, au
lieu et jour de l'election, combattre pour celuy qui l'avoit
payé, non avec ses voix et suffrages, mais avec arcs, frondes
et espées, de sorte que l'assemblée bien peu souvent se departoit, que la tribune aux harengues ne fust souillée et dif-
famée de sang et de morts qui y estoient occis sur la place,
demourant ce pendant la ville en trouble sans magistrats qui
y commandassent, ne plus ne moins qu'une navire en tourmente, sans pilote : tellement que les hommes de bon sens et
de bon jugement voyans une telle fureur et une telle confusion, se fussent bien contentez, de peur qu'il ne leur advinst
pis, s'ilz fussent tumbez en une monarchie, et en la main
d'un seul qui eust en souveraine puissance, et y en avoit
plusieurs qui osoient bien dire publiquement, qu'il n'y avoit
plus ordre de remedier aux maulx de la chose publique, que
par le moyen d'un seul, auquel on donnast plein pouvoir,
puissance et authorité souveraine, et qu'il falloit prendre ceste
medecine par la main de celuy qui seroit le plus doulx et le
plus gracieux medecin, voulans couvertement donner à entendre Pompeius : et comme luy mesme soubz belles paroles
fardées, monstrast semblant de ne le vouloir point, et ce pendant soubz main procurast toutes les choses qui pouvoient
servir à ceste fin, et taschast, plus que nul autre, à se faire

eslire dictateur, Caton s'en apercevant bien, et craignant qu'à la fin le peuple ne fust par luy forcé de ce faire, suada au senat de le declarer plus tost seul consul, à fin que se contentant de ceste plus juste et plus legitime principaulté, il n'en convoitast point d'autre : ce que non seulement le senat luy ottroya, mais d'avantage luy prolongea le temps du gouvernement de ses provinces : car il en avoit deux, l'Hespagne et l'Afrique toute entiere, lesquelles il regissoit et administroit par ses lieutenans qu'il y commettoit, entretenant son armée des mille talents que la chose publique luy fournissoit par chascun an.

XXXVII. Cela fut cause que Cæsar envoya aussi gens pour demander en son nom le consulat, et semblablement prolongation du temps de son gouvernement, à quoy Pompeius du commencement se teut : mais Marcellus et Lentulus, qui haïssoient Cæsar d'ailleurs, y contredirent fort et ferme, en adjouxtant à ce qui estoit necessaire à dire ou à faire, d'autres choses, qui ne l'estoient pas, pour luy faire honte et despit : car ils priverent du droit et privilege de bourgeoisie Romaine, les manans et habitans de la ville de Novocome en la Gaule de devers l'Italie, où Cæsar de nagueres les avoit logez : et Marcellus estant consul, feit de son temps fouetter de verges un des senateurs de là, qui estoit venu pour cest affaire à Rome, en disant qu'il luy imprimoit expressement ces marques là, à fin qu'il cogneust par là, qu'il n'estoit point citoyen Romain, et qu'il les allast monstrer à Cæsar. Mais depuis ce consulat de Marcellus, Cæsar laissant desja puiser en ses coffres les richesses Gauloises, à ceulx qui s'entremettoient du gouvernement de la chose publique à Rome, tant comme ilz en vouloient, et ayant ja acquitté Curio d'une somme de debtes, et donné au consul Paulus mille cinq cents talents, dont il feit bastir ce tant renommé palais, joignant la place, que lon appelle la *Basilique de Paulus*, au lieu de celuy de Fulvius : alors Pompeius entrant en crainte de ceste menée, commencea à prochasser ouvertement, tant par luy comme par ses amis, que lon envoyast un successeur à Cæsar, et luy redemanda les gens de guerre qu'il luy avoit prestez pour la guerre et conqueste de la Gaule.

XXXVIII. Cæsar les luy renvoya faisant present à chasque particulier soudard de deux cents cinquante drachmes d'argent : mais ceulx qui les ramenerent, quand ilz furent à Rome, semerent parmy le peuple des paroles qui n'estoient ny belles ny bonnes à l'encontre de Cæsar, et abuserent Pompeius mesme de faulses persuasions et vaines esperances, luy donnans à entendre qu'il estoit singulierement desiré au camp et en l'armée de Cæsar : et que si pardeçà dedans Rome il faisoit malaiseement ce qu'il vouloit, tant pour l'envie qu'on luy portoit, que pour quelques mauvaises humeurs cachées entre ceulx qui se mesloient du gouvernement de la chose publique, il se pouvoit asseurer que par delà toute l'armée estoit à son commandement : et que si les soudards repassoient une fois les monts et retournoient en Italie, ilz se viendroient incontinent tous rendre devers luy, tant ils haïssoient Cæsar à cause qu'il les faisoit trop travailler et continuellement combatre, joint aussi qu'il leur estoit suspect, et qu'ilz se doubtoient qu'il aspiroit à se faire monarque. Ces propos enflerent Pompeius de vaine presumption de soy mesme, et le rendirent nonchalant, de sorte qu'il ne teint compte de faire ses preparatifz pour la guerre, comme n'ayant point d'occasion de craindre, et s'amusant à resister à Cæsar de paroles seulement, et d'opinions contraires à ses demandes au senat, cuidant bien le combatre pour dire, « Je suis d'advis de cecy ou de cela » : mais Cæsar ne s'en soucioit point. Car lon dit que l'un de ses capitaines qu'il avoit envoyé pour ses affaires à Rome, estant devant la porte du senat, et entendant que lon ne luy avoit pas voulu donner la prolongation du temps de son gouvernement qu'il avoit demandé, en frappant de la main sur la poignée de son espée dit : « Et puis que vous ne luy voulez pas ottroyer, ceste cy « le luy baillera ».

XXXIX. Toutefois les demandes que proposoit Cæsar, avoient la plus belle apparence du monde : car il disoit qu'il estoit content de laisser les armes, pourveu que Pompeius les laissast aussi, et que tous deux, comme personnes privées, vinsent à prochasser d'obtenir quelque bonne recompense de leurs citoyens, remonstrant que ceulx qui luy ostoient la force des armes, et la confirmoient à Pompeius, le calumnioient à tort de se vouloir faire monarque, et ce pendant donnoient les moyens à l'autre de l'estre. Curion faisant ces offres et remonstrances au nom de Cæsar publiquement devant le peuple,

fut ouy à grande joye et grands batemens de mains, de
maniere qu'il y en eut qui luy jetterent des bouquets et des
fleurs sur luy quand il s'en alla, ne plus ne moins que lon
fait aux champions qui sont declarez victorieux ès jeux de
pris. Et Antonius, l'un des tribuns du peuple, en apporta une
lettre missive que Cæsar en escrivoit, et la feit lire publiquement malgré les consuls. Mais au senat Scipion, beaupere
de Pompeius, meit en avant une telle sentence, que si dedans
certain jour prefix, Cæsar ne posoit les armes, qu'il fust jugé
et declaré ennemy du peuple Romain. Et lors les consulz
demanderent tout hault à l'assistence des senateurs, s'ilz
estoient d'advis que Pompeius laissast les armes : à laquelle
demande il y en eut bien peu qui s'accordassent : et puis
après demanderent s'ilz estoient d'advis que Cæsar les laissast : et à celle là, presque tous dirent que ouy. Mais comme
Antonius adonc requist, que tous deux ensemble les laissassent,
alors tous egalement en furent d'advis : toutefois pour
l'importune violence de Scipion et de Marcellus, qui crioient
qu'il falloit user de force d'armes, non pas d'opinions, contre
un larron, le senat adonc se leva sans rien arrester, et changea lon de robbes par la ville comme lon a accoustumé de
faire en un deuil public, à cause de ceste dissension.

XL. Depuis il vint d'autres lettres de Cæsar, qui sembloient
encore plus raisonnables : car il requeroit qu'on luy baillast
la Gaule qui est entre les monts des Alpes et l'Italie, avec
l'Esclavonnie, et deux legions seulement, en delaissant toute
autre chose, jusques à ce qu'il peust prochasser un second
consulat. Et Ciceron l'orateur, nagueres retourné de son gouvernement de la Cilicie, cherchant tous moyens de les accorder,
amollissoit le plus qu'il pouvoit Pompeius : lequel disoit qu'il
estoit bien d'opinion de luy accorder le demourant de ce qu'il
demandoit, pourveu qu'il laissast ses gens de guerre. Et Ciceron sollicitoit envers les amis de Cæsar, qu'ilz se contentassent de ces deux provinces, et de six mille hommes de
guerre seulement pour avoir paix : à quoy Pompeius mesme se
plioit bien, et les luy concedoit : mais Lentulus le consul ne
le voulut point, ains chassa Curion et Antonius ignominieu-
sement hors du senat, en quoy faisant ilz donnerent eulx
mesmes à Cæsar la plus belle couleur et plus honeste couverture qu'il eust sceu desirer, par laquelle il irrita le plus

ses soudards, en leur monstant ces deux personnages cons-
tituez en dignité et office publique, qui avoient esté contrains
de s'en fouir devers luy deguisez en esclaves sur des voitures
de louage, car ilz s'estoient ainsi habillés de peur, au sortir
de Rome.

XLI. Or n'avoit il pas pour lors à l'entour de luy plus de
cinq mille hommes de pied, et trois cent chevaux, pource que
le reste de son armée estoit demouré delà les monts, qu'il
avoit jà envoyé querir : mais voyant que l'execution de son
desseing et de son entreprise n'avoit pas besoing de grand
nombre de gens de guerre du commencement, ains plus tost
d'estonnement de sa hardiesse, et de soudaineté de ravir
l'occasion du temps, pourautant qu'il effroyeroit plus facilement ses adversaires en les surprenant au desprouveu, lors
qu'ilz ne croiroient jamais qu'il deust venir, qu'il ne les for-
ceroit en les allant assaillir avec toute sa puissance, quand il
leur donneroit loisir de se prouvoir, il commanda à quelques
siens capitaines et chefs de bendes, qu'ilz s'en allassent sans
faire semblant de rien avec leurs espées seulement, et non
autres armes, en la ville d'Ariminum, grande ville, que lon
rencontre la premiere au sortir de la Gaule, et qu'ilz s'en
saisissent sans tuer ny blecer personne, et sans emouvoir
tumulte, que le moins qu'il leur seroit possible : puis ayant
commis la superintendence de tout ce qu'il avoit de force
quand et luy à l'un de ses familiers nommé Hortensius, tout
le long du jour, il demoura en public en veue de tout le
monde à regarder combatre des escrimeurs à oultrance, qui
s'exercitoient aux armes devant luy, jusques à un peu devant
le soir qu'il entra en son logis, là où après s'estre un peu
estuvé, il entra dedans la sale, et fut quelque temps avec
ceulx qu'il avoit fait convier à soupper quand et luy : puis
quand se vinct à la nuit close, que lon ne voyoit desjà plus
goutte, il se leva de table, et pria la compaignie de faire bonne
chère, et que personne ne bougeast, pource qu'il reviendroit
incontinent : mais il avoit devant averty quelques uns de
ses plus feaux amis, en petit nombre, qu'ilz le suivissent, non
pas tous ensemble, mais les uns par un chemin, les autres
par un autre, et luy montant dessus un coche de louage, feit
semblant d'aller d'un austre costé du commencement, et puis
tourna tout court devers Ariminum.

XLII. Quand il fut arrivé au petit fleuve es Rubicon, lequel
separe la Gaule de deça les Alpes d'avec le reste de l'Italie,
il s'arresta tout coy : car plus il approchoit du faict, plus il
luy venoit en despit un remors, de penser à ce qu'il attentoit,
et puis il varioit en ses pensemens, quand il consideroit la
grande hardiesse de ce qu'il entreprenoit. Si feit adonc plusieurs discours en son entendement sans en dire mot à
personne, inclinant tantost en une part, et tantost en une
autre, et changea son conseil en beaucoup de partis contraires
à part soy : aussi en disputa il beaucoup avec ceulx qu'il
avoit de ses amis quant et luy, entre lesquelz estoit Asinius
Pollio, discourant avec eulx, de combien de maulx par le
monde seroit cause et commencement ce passage de la
riviere, et combien leurs successeurs et survivans en par-
leroient un jour à l'advenir. Mais finablement se jettant
comme par une impetuosité de courage hors de tout ce pen-
sement de l'advenir, et disant ce mot qu'ont accoustumé de
dire ordinairement ceulx qui s'adventurent à entreprises fort
hazardeuses et hardies : « A tout perdre n'y a qu'un coup
« perilleux, poulsons » : il se meit à passer la riviere, et
depuis qu'il l'eut une fois passée, il ne feit plus que courir
sans arrester nulle part, de sorte qu'avant le jour il fut
dedans Ariminum et s'en saisit. Mais on dict que la nuict de
devant qu'il passa ceste riviere, il eut en dormant une illusion
damnable, c'est, qu'il luy fut advis qu'il avoit affaire avec sa
propre mere.

XLIII. Si tost que les nouvelles de la prise d'Ariminum
furent espandues, ne plus ne moins que si la guerre eut esté
ouverte tant par mer que par terre à portes arriere ren-
versées, et que si toutes les loix Romaines, aussi bien que
les bornes de son gouvernement, fussent entieremant trans-
gressées, on eust dit que les villes mesmes toutes entieres se
levans de leurs places s'en fuyoient de l'une à l'autre par
toute l'Italie, non pas les hommes et les femmes à l'effroy,
comme lon avoit bien veu autrefois, de maniere que la cité
de Rome mesme fut incontinent toute remplie, comme d'un
flux, des peuples voisins tout à l'environ, qui s'y jetterent de
tous costez à la foule, sans qu'il y eust plus officier ny magistrat qui la peust par authorité regir, ny par remonstrance
de raison contenir en une si violente tempeste et tormente

tellement qu'il s'en fallut bien peu qu'elle ne se ruinast d'elle mesme, pour autant qu'il n'y avoit endroit où il n'y eust des affections contraires, et des emeutes violentes et dangereuses, à cause que ceulx qui estoient bien aises de ce trouble, ne s'arrestoient pas en une place, ains en allans çà et là par la ville, quand ilz en rencontroient d'autres en plusieurs lieux qui monstroient semblant d'estre espouventez ou desplaisans de ce tumulte, comme il est impossible autrement en une si grande ville, entroient de paroles en picque avec eulx, et les menaçoient audacieusement de l'advenir.

XLIV. Pompeius mesme, qui d'ailleurs se trouvoit assez estonné, estoit encore plus troublé par les mauvais langages que les uns luy venoient tenir d'un costé, les autres d'un autre, luy reprochans aucuns que c'estoit bien employé, et qu'il portoit adonc meritoirement la penitence de ce qu'il avoit agrandy Cæsar à l'encontre de soymesme et de la chose publique : autres le blasmans de ce qu'il avoit refuzé les honestes offres et raisonnables conditions de paix que Cæsar luy avoit offertes, en le laissant contumelieusement injurier par Lentulus. D'autre costé Faonius luy disoit qu'il frappast lors contre la terre, à cause qu'un jour en plein senat Pompeius parlant haultainement, avoit dit que personne ne s'enquist ny ne se souciast de ses preparatifs pour la guerre, pource que toutes et quantes fois qu'il voudroit frapper de pied contre la terre, il empliroit d'armées toute l'Italie. Ce neantmoins encore estoit il lors plus puissant que Cæsar, en nombre de gens de guerre : mais on ne le laissa jamais user de son conseil, ains luy apporta lon tant de nouvelles faulses, et luy meit on tant de frayeurs devant les yeux, comme s'ilz eussent desja eu leur ennemy à la cueuë, et qu'il eust desja tenu tout en sa main, qu'il ceda à la fin, et se laissa emporter à la foule des autres, prenant ceste resolution qu'il voyoit les choses en tel trouble et en tel tumulte, qu'il est forcé d'abandonner la ville, commandant à ceulx du senat qu'ilz le suivissent, et qu'il n'y en eust pas un qui demourast derriere, si n'estoit qu'il aimast mieulx la tyrannie que la liberté et la chose publique. Ainsi les consulz mesmes avant que faire les sacrifices ordinaires, qu'ilz ont accoustumé de faire premier que sortir de la ville, s'enfouyrent : aussi feit la plus part des senateurs, prenans à la haste chez eulx, ce qui premier leur venoit à la main, ne plus ne moins que s'ilz l'eussent pillé à la desrobbée chez autruy : et y en eut aucuns de ceulx mesmes, qui de tout temps avoient fort affectueusement tenu le party de Cæsar, qui eurent lors le sens si troublé de cest effroy, qu'ilz s'en fouyrent aussi, et se laisserent emmener au cours de l'emeute, sans qu'il en fust aucun besoing.

XLV. Mais sur tout estoit ce chose pitoyable à veoir, que la ville, laquelle s'en alloit à l'adventure, comme une navire abandonnée des pilotes, desesperans de la pouvoir sauver en si grosse tourmente : toutefois quoy que la departie en fust si miserable, encore estimoient les hommes que la fuitte fust leur païs pour l'amour qu'ils portoient à Pompeius, et abandonnoient Rome ne plus ne moins que si c'eust esté le propre camp de Cæsar, veu que Labienus mesme, qui estoit l'un des plus grands amis de Cæsar, comme celuy qui avoit tousjours esté son lieutenant en la guerre de la Gaule, et qui s'estoit tousjours porté très vaillamment en tous les affaires où il s'estoit trouvé, l'abandonna lors, en se retirant devers Pompeius : mais Cæsar luy envoya après luy son argent et tout son bagage, puis alla camper devant la ville de Corfinium, dedans laquelle estoit Domitius avec trente enseignes : lequel se voyant assiegé, cuida incontinent estre perdu, et desesperant de son faict, demanda à un sien esclave, qui estoit medecin, du poison. Le medecin luy bailla un breuvage, qu'il beut, pensant bien en mourir : mais tantost après oyant racompter comme Cæsar usoit d'une merveilleuse clemence et humanité envers ceulx qu'il prenoit, il se repentit d'avoir beu le breuvage, et commencea à se lamenter, et à regretter le trop temeraire conseil qu'il avoit pris. Le medecin le reconforta, en luy remonstrant qu'il avoit beu un breuvage pour faire dormir seulement, dont il fut fort aise, et s'en alla tout aussi tost rendre à Cæsar, lequel luy donna la vie sauve, et neantmoins l'autre ne laissa pas de se desrobber incontinent, et s'en fouir devers Pompeius. Ces nouvelles portées à Rome, resjouirent et reconforterent fort ceulx qui y estoient demourez : et y eut de ceulx qui en estoient sortis, qui y retournerent.

XLVI. Ce pendant Cæsar prit à sa soude les gens de Domitius, et autant en feit il par toutes les villes, où il surprit les capitaines qui levoient gens de guerre pour Pompeius, de sorte qu'ayant ja assemblé une grosse et redoubtable puissance, il tira droit où il le pensoit trouver luy mesme : mais Pompeius ne l'attendit pas, ains s'enfouit en la ville de Brundusium, de là où il feit passer devant à Dyrrachium les deux consulz, avec ce qu'ilz avoient de forces, et luy mesme y passa aussi puis après, quand il sentit que Cæsar estoit arrivé, ainsi comme nous declarerons plus amplement et par le menu cy après en sa Vie. Si eust bien voulu Cæsar aller après et le poursuivre tout promptement : mais à faulte de vaisseaux, il s'en retourna tout court à Rome, s'estant fait en l'espace de soixante jours maistre et seigneur de toute l'Italie, sans aucune effusion de sang. Estant à Rome, il la trouva beaucoup plus paisible qu'il ne s'attendoit, et y rencontra plusieurs senateurs, ausquelz il parla très humainement et gracieusement, les priant de vouloir envoyer devers Pompeius, pour accorder leurs differents avec toutes conditions justes et raisonnables : ce que toutefois ilz ne feirent pas, soit ôu pource qu'ils redoubtassent la fureur de Pompeius, à cause qu'ilz l'avoient abandonné, ou qu'ilz estimassent que Cæsar au fond de son cueur ne le voulust pas ainsi qu'il le disoit de bouche, usant de tel langage pour une honeste couverture seulement : et comme l'un des tribuns du peuple, Metellus le voulust empescher de prendre de l'argent ès coffres du tresor et espargne publique, et luy alleguast quelques loix qui le defendoient, il luy respondit, « Que le temps des « armes et le temps des loix estoient deux : et si ce que je « fais d'adventure te desplait (dit il) oste toy d'icy pour ceste « heure : car la guerre ne comporte point ceste licence de « contredire ainsi franchement de paroles : et puis quand « j'auray posé les armes, et que nous aurons fait appoin- « tement, alors tu viendras prescher et harenguer tant que « tu voudras : encore te dis-je cela de grace, en remettant et « relaschant autant de mon droit : car tu es à moy, toy et « tous ceulx qui ayans esté seditieux contre moy, estes tumbez « soubs mes mains ». En disant ces paroles, il s'en alla au tresor : et pource que lon ne trouvoit point les clefz, il feit venir des serruriers, et feit lever les serrures : à quoy Metellus s'opposa de rechef, et il y eut là quelques uns qui l'en louerent, disans qu'il faisoit bien, jusques à ce que Cæsar grossissant sa parole, le menaça qu'il le tueroit tout roide,

s'il le faschoit d'avantage, et si luy dit plus : « Tu sçais bien,
« jeune homme, qu'il m'est plus malaisé de le dire, que de le
« faire ». Ceste parole feit non seulement que Metellus se
retira lors bien viste de peur, mais aussi que depuis on luy
fournist tousjours promptement tout ce qu'il luy fallut pour
la guerre.

XLVII. Car il la vouloit aller faire en Hespagne pour en
chasser Petreius et Varro, lieutenans de Pompeius, et mettre
en ses mains les armées et les provinces qu'ilz tenoient premierement, à fin de s'en aller puis après contre Pompeius
mesme, en ne laissant rien derriere, qui luy fust ennemy. Il
fut en ce voyage là par plusieurs fois en danger de sa personne, pour les embusches et aguets, que lon luy dressa en
beaucoup de lieux et de manieres, et en danger aussi de perdre
toute son armée à faulte de vivres : et neantmoins il ne cessa
jamais de poursuivre, provoquer à la bataille, et enfermer de
trenchées ces lieutenans de Pompeius, jusques à ce qu'il eust
reduit leurs camps et leurs armées par force en son obeïssance : vray est que les chefz se sauverent, et s'enfouirent
devers Pompeius.

XLVIII. Quand il fut de retour à Rome, son beaupere Piso
le pria d'envoyer des ambassadeurs à Pompeius, pour chercher les moyens d'appointer avec luy : mais Isauricus pour
gratifier à Cæsar y contredit : et ayant esté creé dictateur
par le senat, il rappella incontinent les bannis, il remeit en
tous honneurs les enfans des proscripts, condemnez et bannis
du temps de Sylla, et soublagea un peu les debteurs, en
retrenchant partie des usures qui couroient sur eulx, et feit
encore quelques autres telles ordonnances, mais bien peu :
car il ne retint la souveraine puissance de dictateur que unze
jours seulement, et en la quittant, il se nomma luy mesme
consul avec Servilius Isauricus, puis se meit aussi tost à poursuivre le reste de sa guerre, laissant derriere par le chemin
le reste de son armée, et se mettant devant avec six cents
chevaux, et cinq legions de gens de pied seulement, au cueur
d'hyver environ le mois de janvier, qui respond à celuy que
les Atheniens appellent *Posideon* : et ayant traversé la mer
Ionique, et mis ses gens en terre, il prit les villes d'Oricum
et d'Apollonie : puis renvoya ses vaisseaux en la ville de
Brudusium pour luy amener le reste de ses soudards, qui

n'avoit peu cheminer si tost que luy, lesquelz pendant qu'ilz furent par le chemin, comme gens qui avoient jà passé la fleur de leur aage et la vigueur de leurs corps, et qui desormais se trouvoient las et recreuz de combatre tant d'ennemis en tant de batailles, faisoient entre eulx leurs plaintes de Cæsar, en disant : « Quand sera-ce à la fin, et à quel but, que « cest homme cessera de nous trainner par tout le monde « après luy, en se servant de nous, ne plus ne moins que si « nous fussions utilz insensibles et impassibles ? il n'est pas « le fer de noz armes qui ne soit usé à force de coups : ne « cesserons nous jamais après un si long temps d'avoir le « halecret sur le dos, et le pavois sur le bras ? Cæsar ne « deust il pas penser, au moins quand il void nostre sang, « noz playes et noz bleceures, que nous sommes hommes « mortelz, et que nous sentons les maulx et les douleurs que « sentent les autres hommes ? et il nous va au cueur d'hyver « exposer à la mercy des vents et de la mer, en temps que « les dieux mesmes ne sçauraient pas forcer, comme s'il fuyoit « devant ses ennemis et ne les poursuivoit pas ». En tenant ces langages, les soudards s'acheminoient tousjours à petites journées devers la ville de Brundusium : mais quand ils y furent arrivez, et qu'ils trouverent que Cæsar avoit desja fait voile, ilz changerent bien soudainement de langage et de voulunté : car ilz se blasmerent eulx mesmes, et dirent injures à leurs capitaines aussi, pour autant qu'ilz ne les avoient hastez d'avantage de cheminer, et se seans sur les plus haultz rochers et poinctes de la coste, jettoient leur veuë dessus la haulte mer, regardans vers le royaume d'Epire, s'ilz verroient point revenir les vaisseaux pour les passer.

XLIX. Ce pendant Cæsar qut estoit en la ville d'Apollonie, n'ayant pas armée suffisante pour combatre son ennemy, se trouvoit en grande peine de ce que le reste demeuroit trop à venir, ne sachant qu'il devoit faire : mais à la fin il se resolut à un conseil fort dangereux, de s'embarquer à la desrobée sur une fregate à douze rames seulement pour repasser de rechef à Brundusium : ce qui ne se pouvoit faire sans extreme peril, veu que toute celle mer estoit occupée par grosses flottes et puissantes armées des ennemis. Si s'embarqua une nuict vestu d'une robbe d'esclave, et se jetta dedans la fregate sans mot dire, non plus que s'il eust esté quelque personne de basse et vile condition. La fregate estoit sur la riviere d'Anius, la bouche de laquelle souloit estre ordinairement platte et tranquille, pour un petit vent de terre qui se levoit tous les matins, et repoulsoit bien loing les flots de la haulte mer : mais ceste nuict là d'adventure il souffla un vent marin qui amortit le vent de terre, de maniere que la roideur du cours de la riviere venant à combattre contre le flot de la mer et à l'encontre de la violence des vagues, l'emboucheure en devenoit fort perilleuse, estant l'eau de la riviere repoulsée et reboursée contremont avec grand bruit et dangereux tournoyement d'eau : au moyen dequoy le maistre qui gouvernoit la fregate, voyant qu'il ne pouvoit venir à bout de sortir hors de ceste emboucheure, commanda à ses mariniers de sier en arriere pour retourner amont l'eau, ce que sentant Cæsar, se donna incontinent à cognoistre à luy, qui fut de prime face bien estonné de le veoir au visage, et Cæsar le prenant par la main luy dit, « Mon amy, ayes bon courage, « et poulse hardiment sans craindre rien, car tu menes Cæsar « et sa fortune quant et luy ». Adonc les matelots oublians tout le danger de la tourmente, se remeirent à voguer en avant, et feirent tout l'effort qui leur fut possible pour cuider forcer le vent et sortir hors la bouche de ceste riviere : mais à la fin il n'y eut ordre, pource que la fregate s'emplissoit fort d'eau, et fut bien près d'aller à fond, tellement que Cæsar se trouva contraint à son grand regret de retourner en arriere : et comme il s'en retournoit en son camp, les soudards luy vindrent au devant en foule, se plaignans à luy, et luy faisans leurs doleances, de ce qu'il ne s'asseuroit pas de pouvoir vaincre ses ennemis avec eux seuls, ains se tourmentoit jusques à mettre sa personne en danger pour aller querir les absents, à cause qu'il ne se fioit pas des presents.

L. Mais sur ces entrefaittes arriva Antonius amenant de Brundusium le demourant de l'armée : parquoy Cæsar se sentant fort assez, alla presenter la bataille à Pompeius, lequel estoit logé fort à propos pour avoir vivres tant par mer que par terre : mais Cæsar qui dès le commencement n'en avoit pas en abondance, s'en trouva bien tost à destroit, tellement que ses gens cueilloient des racines qu'ilz mesloient avec du laict, et les mangeoient : ilz en faisoient aussi du pain, et quelquefois en escarmouchant contre les ennemis, et courant au long de ceulx qui faisoient le guet, leur en jettoient jusques dedans leurs trenchées, disans, que tant comme la terre produiroit de telles racines, jamais ne cesseroient de tenir Pompeius assiegé. Pompeius defendit que l'on ne semast ny ces paroles, ny ce pain parmy son camp, de peur que cela ne feist perdre le cueur à ses gens, et qu'ilz n'eussent horreur quand ilz viendroient à considerer la dureté et aspreté des ennemis à qui ilz avoient affaire, attendu qu'ilz ne se lassoient de rien, non plus que bestes sauvages.

LI. Or se faisoit il ordinairement des courses et escarmouches tout joignant les trenchées et fortifications du camp de Pompeius, ès quelles Cæsar avoit presque tousjours l'advantage, excepté en une seule où ses gens fouirent à val de roupte si effroyeement, qu'il fut ce jour là en grand danger de perdre camp et tout : pource que Pompeius sortit en bataille sur eulx, et ne le peurent soustenir, ains furent menez batant jusques dedans leur camp, les trenchées duquel en furent toutes comblées de morts que l'on tuoit jusques dedans les portes et tout contre les remparemens, tant ilz furent vivement et de près poursuivis. Cæsar alla bien au devant des fuyans pour tascher à leur faire tourner visage, mais il n'y gaigna rien : car quand il cuidoit prendre les enseignes pour les arrester, ceulx qui les portoient les jettoient à terre, de maniere que les ennemis en prirent jusques au nombre de trente et deux, et s'en fallut bien peu que luy mesme n'y fust occis : car comme il eust jeté sa main sur celle d'un grand et puissant soudard qui fuyoit tout au long de luy, en luy faisant commandement de demourer et monstrer visage à l'ennemy, le soudard plein de frayeur haulsa l'espée pour le frapper : mais l'escuyer de Cæsar le prevint qui luy avalla l'espaule d'un coup d'espée : et fut Cæsar ce jour là en si grand desespoir de ses affaires, que quand Pompeius, pour quelque crainte ou par quelque envie de fortune eut failly de mettre fin à ceste grande besongne, et se fut retiré en son camp, se contentant d'avoir rembarré et chassé ses ennemis jusques dedans le leur, Cæsar retournant au sien avec ses amis, dit hault et clair, « La victoire « estoit aujourd'huy à nos ennemis, s'ilz eussent eu un chef « qui eust sceu vaincre ».

LII. Retourné qu'il fut en son logis, il se coucha, et luy fut

celle nuict la plus mauvaise et plus fascheuse qu'il eut
onques : car il ne cessa de discourir en son entendement avec
une grande destresse, la grande faulte qu'il avoit faitte en sa
conduitte, de s'estre opiniastré à demourer tant là au long de
la marine, estans ses ennemis les plus puissans par la mer,
veu qu'il avoit devant soy un païs large et plantureux de
tous biens, des villes de la Macedoine et de la Thessalie, et
n'avoit pas eu le sens de tirer la guerre hors de là, sans tant
s'amuser à perdre temps, en lieu où il estoit plus assiegé de
ses ennemis par faulte de vivres, que luy ne les assiegeoit par
force d'armes : ainsi se faschant et ennuyant de se veoir si
fort à destroit de vivres, et ses affaires en si mauvais train,
il se deslogea de là où il estoit, en deliberation d'aller trouver
Scipion en la Macedoine, faisant son compte, que ou il atti-
reroit Pompeius à la bataille malgré luy, quand il n'auroit
plus la mer à son dos qui luy fournist vivres en abondance,
ou bien qu'il desferoit aiseement Scipion quand il seroit seul,
s'il n'estoit secouru.

LIII. Ce deslogement de Cæsar eleva le cueur à l'armée de
Pompeius et à ses capitaines, qui voulurent à toute force que
l'on allast après luy, comme jà fuyant et desfait : mais quant
à luy il ne vouloit point en sorte du monde, hazarder la
bataille qui estoit de si grande consequence, ains se sentant
très bien prouveu de toutes choses necessaires pour attendre
le temps, vouloit tirer ceste guerre en longueur, à fin de
matter et consumer par traict de temps ce peu de vigueur
qui restoit à l'armée de Cæsar, de laquelle les meilleurs
hommes estoient bien aguerriz, et avoient une hardiesse
nompareille pour un jour de bataille : mais d'aller ainsi
errant par païs, et remuant si souvent le camp de lieu à autre,
combatre une muraille, aller au guet, et estre en armes toutes
les nuicts, ilz ne le pouvoient, la plus part, plus faire, à cause
de leur vieillesse, estans desormais devenus trop pesans pour
porter ceste peine, de maniere que la foiblesse de leur corps
leur diminuoit aussi d'autant la vigueur du courage. D'avantage il s'estoit mis quelque maladie pestilente entre eulx pro-
cedée des mauvaises viandes qu'ilz avoient esté contraints de
manger : et, qui estoit encore pis, il n'estoit ny fort d'argent,
ny n'avoit moyen de recouvrer vivres, de sorte qu'il sembloit
qu'en peu de temps il se desferoit et se ruineroit de soy

mesme. Pour lesquelles raisons Pompeius ne vouloit combattre en sorte quelconque : mais il n'avoit en cela que
Caton seul de son opinion, encore estoit ce pourautant qu'il
vouloit espargner le sang de ses citoyens : car ayant veu
ceulx qui estoient demourez morts sur la place du costé des
ennemis en la derniere escarmouche, lesquelz n'estoient pas
moins de mille hommes, il se couvrit le visage, et s'en alla
plorant. Tous les autres au contraire le tensoient et le blas-
moient de ce qu'il restifvoit ainsi à venir à la bataille, et
aucuns le picquoient en l'appelant Agamemnon, et le roy des
roys, disans qu'il faisoit ainsi durer ceste guerre, pource qu'il
ne vouloit pas se dessaisir de ceste authorité souveraine, et
qu'il estoit bien aise de veoir tousjours tant de capitaines à
ses costez, qui luy venoient faire la cour jusques en son
logis ; et Faonius un escervelé, qui alloit contrefaisant furieusement le franc et rond parler de Caton, faisoit semblant de
se tourmenter, en disant, « N'est ce pas grande pitié, que
« nous ne mangerons pas encore ceste année des figues de
« Thusculum, pour l'ambitieuse convoitise de dominer qui
« est en Pompeius? » Et Afranius nagueres retourné de
l'Hespagne, là où pource qu'il luy estoit mal succedé, on le
calumnioit d'avoir trahy et vendu à Cæsar son armée pour
un pris d'argent, alloit demandant pourquoy c'estoit que l'on
ne combatoit ce marchand, que l'on disoit avoir achepté de
luy la province d'Hespagne : tellement que Pompeius à la
fin poulsé par ces langages, alla malgré luy après Cæsar pour
le combattre,

LIV. Si se trouva Cæsar du commencement en grande
peine par le chemin, pource qu'il ne trouvoit pas qui luy
voulust bailler vivres, estant mesprisé de tout le monde, à
cause de la perte et desfaitte qu'il avoit receuë nouvellement :
mais depuis qu'il eut pris la ville de Gonphes en la Thessalie, non seulement il recouvra vivres à foison pour nourrir
son armée, mais aussi la guarentit et delivra estrangement de
maladie, pource que y ayans les soudards trouvé grande
quantité de vins, ilz chasserent leur contagion de pestilence
à force de boire et de faire grande chere : car ils ne feirent
autre chose que baller, mommer, et jouer les Bacchanales par
tout le chemin, tant qu'ilz se guarirent de ceste maladie par
yvrongner, et se feirent des corps tout neufs.

LV. Quand ilz furent tous deux arrivez en la Pharsalie, et tous deux campez l'un devant l'autre, Pompeius retourna de rechef à sa premiere resolution, de tant plus mesmement qu'il avoit eu des presages de signifiance sinistre et de mauvaises visions en dormant : car il luy fut advis une nuict qu'il entroit dedans le theatre, là où les Romains le recueilloient avec grands batemens de mains : mais ceulx d'alentour de luy estoient si presumptueux et si temeraires, et se promettoient si assureement la victoire, que desja Domitius Spinther et Scipion se debatoient entre eulx, et briguoient le souverain pontificat que tenoit Cæsar, et y en eut plusieurs qui envoyerent devant à Rome pour retenir et louer les plus prochaines maisons de la place, comme estans plus commodes aux prætteurs et aux consuls, faisant desja leur compte, que ces offices là ne leur pouvoient fouir incontinent après la fin de ceste guerre. Mais sur tous autres brilloient d'ardeur de combattre les jeunes gentilzhommes et chevaliers Romains, qui estoient bien montez et armez à l'avantage de harnois bien fourbis et reluisans, leurs cheveux gras et refaits, et eulx beaux jeunes hommes, et en nombre de sept mille, là où ceulx de Cæsar n'estoient que mille seulement.

LVI. Le nombre des gens de pied n'estoit pas semblable non plus : car ilz estoient quarante et cinq mille contre vingt et deux : parquoy Cæsar feit assembler les siens, auxquelz il remonstra, comme Cornificius estoit près de là qui luy amenoit deux legions entieres, et qu'il avoit quinze autres cohortes soubs la charge de Calenus, lesquelles il faisoit tenir à l'entour de Megare et d'Athenes : puis leur demanda s'ilz vouloient attendre ce renfort là, ou s'ilz aimoient mieulx hazarder la bataille eulx seuls : les soudards s'escrierent tout hault qu'ilz le prioient de ne differer point, ains plus tost qu'il imaginast et inventast quelque ruze pour attirer l'ennemy à la bataille le plus tost qu'il pourroit.

LVII. Et ainsi comme il sacrifioit aux dieux pour la purification de son armée, la premiere hostie n'eut pas plus tost esté immolée, que son devin luy asseura, que dedans trois jours il auroit la bataille. Cæsar luy demanda s'il appercevoit point ès sacrifices quelque heureux presage touchant l'issue : et le devin luy respondit, « Tu feras mieulx toi mesme la « response à cela que moy : car les dieux nous promettent

« une grande mutation et le grand changement de l'estat des
« choses qui sont à present, en un autre tout contraire : par-
« quoy si tu es bien maintenant, attens toi d'avoir cy après
« pire fortune , et si tu es mal, asseure toy, que tu l'auras
« meilleure ». Et la nuict de devant la bataille, ainsi comme
il alloit environ la minuict visitant les guets, on veit comme
un grand brandon de feu allumé en l'air qui passant par
dessus le camp de Cæsar, alla fondre dedans celuy de Pompeius : et environ l'heure que lon remue le guet du matin,
lon entendit une faulse alarme, sans cause apparente, que lon
appelle communement terreur panique, qui se meut dedans
le camp des ennemis : toutefois si ne s'attendoit il point de
combatre pour ce jour-là, ains avoit proposé de desloger de
là où il estoit campé pour tirer vers la ville de Scotuse, et
estoient desja les tentes et pavillons de son camp abbatus,
quand ses coureurs vindrent à grande haste devers luy,
apporter nouvelles comment les ennemis se preparoient pour
venir à la bataille : dequoy il fut fort joyeux, et après avoir
fait prieres aux dieux, qu'ilz lui voulussent estre ce jour là
en aide, il rengea ses gens en bataille qu'il departit en trois
trouppes, donnant pour chef à celle du milieu Domitius Cal-
vinus, et à celle de la poincte gauche Antonius, et luy se meit
à la droitte, choisissant son lieu pour combatre en la dixieme
legion : contre laquelle voyant que les ennemis avoient
ordonné toute leur chevalerie, il eut peur quand il les veit
en si grand nombre et en si brave equippage, au moyen
dequoy, il feit habilement venir de la cueuë de sa bataille six
cohortes, lesquelles il meit en embusche derriere sa poincte
droitte, ayant premierement bien instruit les soudards de tout
ce qu'ilz auroient à faire quand la chevalerie des ennemis
viendroit à commencer la charge.

LVIII. De l'autre costé Pompeius se meit aussi en la poincte
droitte de sa bataille, baillant à conduire la gauche à Domitius, et Scipion beaupere de Pompeius prit à mener le milieu.
Or s'estoient les chevaliers Romains tous jettez en la poincte
gauche, comme nous avons desja dit, en intention d'envelopper la droite de Cæsar par derriere, et de faire leur plus
grand effort à l'endroit mesme où estoit le chef de leurs
ennemis, faisans leur compte qu'il n'y avoit bataillon de gens
de pied si profond, qu'il peust soustenir le choc d'une si

grosse trouppe de chevalerie, et qu'au premier heurt ilz foudroyeroient tout, et leur passeroient par dessus le ventre. Quand ce vint sur le poinct que d'un costé et d'autre les trompettes commencerent à sonner le son de la bataille, Pompeius commanda à ses gens de pied qu'ilz se teinsent fermes en leur marche bien serrez ensemble, et qu'ilz attendissent sans bouger le pied la course de leurs ennemis, jusques à ce qu'ilz fussent prests à lancer leurs javelots. En quoy Cæsar depuis dit qu'il avoit fait une lourde faulte, ne considerant pas que ceste rencontre, qui se fait en courant de roideur, oultre ce qu'elle donne force plus roide aux premiers coups, encore enflamme elle le courage des hommes, pource que cest elancement commun de tous les combatans qui courent ensemble, luy est comme un soufflet qui l'allume.

LIX. Ainsi donc que Cæsar faisoit desja marcher sa bataille pour aller commencer la charge, il apperceut l'un de ses capitaines vaillant homme et bien experimenté au faict de la guerre, et duquel il se fioit beaucoup, qui preschoit les soudards qu'il avoit soubs sa charge, les enhortant de bien faire leur devoir de combatre vaillamment. Si l'appela par son nom, et luy dit tout hault : « Et bien, Caius Crassinius, quelle « esperance devons nous avoir ? et comment sommes nous « deliberez de bien faire ce jourd'huy ? » Adonc Crassinius haulsant la main, luy respondit tout hault : « Nous vaincrons « glorieusement ce jourd'huy, Cæsar, et te promets que « tu me loueras avant que ce jour passe ou mort ou vif ». Ces paroles dites, il fut le premier, qui alla courant dedans les ennemis, tirant sa bende après luy qui estoit de six vingts hommes, et fendant les premiers rencs, entra avec grande occision bien avant dedans la bataille des ennemis, jusques à ce qu'en faisant ces grands efforts, il fut à la fin rembarré d'un coup d'estoc qui luy donna droit dedans la bouche par telle violence, que la poincte de l'espée luy vint à ressortir par derriere au chinon du col. Ainsi estans ja les gens de pied au milieu de la bataille attachez au combat de main, les gens de cheval de la pointe gauche de Pompeius marcherent aussi fierement, eslargissans leurs trouppes pour envelopper par derriere la poincte droitte de la bataille de Cæsar : mais avant qu'ilz commenceassent à charger, les six cohortes, que Cæsar avoit mis en aguet derriere luy, se prirent à courir droit à eulx, sans lancer de loing leurs javelots comme ilz ont accoustumé, ny en frapper à coups de main les cuisses, ny les jambes des ennemys, ains taschans à leur donner droit dedans les yeux, et à les en assener au visage, suivant ce que Cæsar leur avoit enseigné : pource qu'il esperoit que ces jeunes gentilzhommes, qui n'avaient gueres hanté les armes ny accoustumé de se veoir blecez, et qui estoient en la fleur de leur aage et de leur beaulté, craindroient fort ces bleceures là, et n'arresteroient jamais, tant pour la crainte du danger present d'y perdre la vie, que pour la doubte que leurs beaux visages n'en demourassent difformes à l'advenir : comme il en advint, car ilz ne peurent onques souffrir, que lon leur apportast ainsi près du visage les poinctes des javelots, ains s'esblouirent de peur, quand ilz veirent qu'on leur approcha le fer luisant si près des yeux, et tournerent le dos en se couvrant le visage de peur que lon ne les y bleceast : ainsi se rompans d'eulx mesmes, ils se prirent finablement à fouir très laschement à val de roupte, et furent cause de faire perdre tout le demourant : car ceulx qui les avoient rompus, coururent incontinent assaillir le bataillon des gens de pied par derriere, et les meirent en pieces.

LX. Adonc Pompeius voyant de l'autre poincte de sa bataille, ses gens de cheval ainsi desbendez et escartez en roupte, ne fut plus celuy qu'il estoit au paravant, ny ne se souvint plus d'estre le grand Pompeius, ains ressemblant proprement à un homme, auquel les dieux ont osté le sens, et qui est estonné d'une ruine divinement advenue, il se retira sans mot dire en sa tente, là où il s'asseit, attendant ce qui pourroit advenir, jusques à ce que toute son armée ayant esté desfaitte et mise en roupte, les ennemis vindrent à monter sur les remparts qui clouoient son camp, et à combatre à coups de main contre ceulx qui les gardoient : et lors comme estant un peu revenu à soy, il ne dist que ceste seule parole, « Comment, jusques à nostre camp ! » et despouillant à grande haste sa cotte d'armes et son accoustrement de capitaine, vestit une robbe convenable à sa fortune, et s'en sortit à la desrobbée. Au reste, comment il se gouverna depuis ceste fortune, et comme s'estant mis entre les mains de quelques Ægyptiens, il fut par eulx occis meschamment, nous le

declarons en sa vie. Mais lors Cæsar entrant dedans le camp
de Pompeius, et y voyant les corps estendus de ceulx que lon
avoit ja tuez, et d'autres que lon tuoit encore, se prit à dire
en soupirant : « Ilz l'ont eulx mesmes ainsi voulu, et m'ont
« à ce contrainct : Car Caius Cæsar après avoir fait tant de
« belles conquestes, et victorieusement achevé tant et de si
« grosses guerres, eust neanmoins esté condemné, s'il se fust
« dessaisy de son armée ». Asinius Pollio dit qu'il prononcea
la sentence de ces paroles en langage Romain, que luy depuis
a escrites en Grec : et dit d'avantage, que la plus part de
ceulx qui furent mis à l'espée dedans le camp, estoient valets
et serviteurs, et qu'en toute la bataille il ne mourut pas plus
de six mille soudards. Quant à ceulx qui furent pris prisonniers, Cæsar en mesla beaucoup parmy ses legions, et pardonna à plusieurs personnages de qualité, entre lesquelz fut
Brutus, celuy qui depuis le tua : et dit on qu'il fut en grande
peine, quand après la bataille, on ne le trouva point soudainement : mais depuis il sceut qu'il estoit vif, et s'estant venu
de luy mesme rendre à luy, il en fut fort joyeux.

LXI. Si y eut plusieurs signes qui prognostiquerent l'issue
de ceste bataille, telle comme elle fut, mais le plus notable
fut celuy qui advint en la ville de Tralles, où il y avoit dedans
le temple de Victoire, une image de Cæsar : la terre d'alentour estant fort dure d'elle mesme, estoit pavée de pierre
encore plus dure, et neantmoins on dit qu'il en sourdit une
palme, tout joignant la base de la statue. Et en la ville de
Padoue, Caius Cornelius homme excellent en l'art de deviner,
citoyen et familier amy de Titus Livius l'historien, estoit
d'adventure ce jour là assis à contempler le vol des oyseaux,
et ainsi que Livius mesme le racompte, cogneut le poinct du
temps que fut la bataille donnée, et predit à ceulx qui estoient
presens, « A ceste heure propre se commence la meslée : à
« ce mesme instant s'entrechocquent les deux armées ». Puis
se rasseant une autre fois, pour considerer de rechef les
oyseaux, après en avoir contemplé les presages, se dressa
soudain sur ses pieds, et cria tout hault comme s'il eust esté
inspiré et poulsé par quelque esprit divin, « La victoire est
« tiene, Cæsar ». Dequoy s'esmerveillans tous les assistans,
il osta la couronne qu'il avoit dessus sa teste, en faisant ser-
ment, que jamais ne la y remettroit, que l'evenement n'eust

porté tesmoignage à la verité de son art. Livius afferme qu'il fut ainsi fait.

LXII. Au reste Cæsar ayant donné entiere exemption et affranchissement à la nation Thessaliene, en consideration de la victoire qu'il avoit eue en leurs païs, s'en alla après Pompeius, et estant passé en Asie, y affranchit aussi les Gnidiens, en faveur de Theopompus, celuy qui a fait le recueil des fables, et relascha à tous les habitans de l'Asie le tiers des tributs qu'ilz payoient : puis arriva en Alexandrie, que Pompeius y avoit desjà esté mis à mort : si eut en horreur Theodotus, qui luy en presenta la teste, tournant le visage d'un autre costé pour ne la point veoir : mais bien prit il son cachet, et en le regardant se mit à plorer, et à tous ses familiers et amis, que le roy d'Ægypte avoit fait arrester ainsi qu'ilz alloient errans par ses païs, il leur feit des biens, et les gaigna tous à sa devotion : suivant lesquelz offices, il escrivit à ses amis de Rome, « que le plus grand et plus doulx fruict qu'il recevoit « de sa victoire, estoit qu'il sauvoit tous les jours la vie à « quelques uns de ses citoyens, qui avoient porté les armes « contre luy ».

LXIII. Quant à la guerre qu'il eut en Alexandrie, aucuns disent qu'elle ne fut point necessaire, et qu'il l'entreprit voulun- tairement pour l'amour de Cleopatra : en quoy il acquit peu d'honneur, et si meit sa personne en grand danger. Les autres en rejettent la coulpe sur les ministres du roy d'Ægypte, mesmement sur Pothinus l'eunuque, lequel ayant la princi- pale authorité entre les serviteurs du roy, après avoir naguere fait occire Pompeius, et chassé de la cour Cleopatra, espioit encore secrettement les moyens, comme il en pourroit autant faire à Cæsar : à raison dequoy, en ayant senty quelque vent, il commencea dès lors à passer les nuicts entieres en banquets et festins, à fin d'estre en plus grande seureté de sa personne. Mais oultre ce, encore alloit ce Pothinus disant et faisant ouvertement beaucoup de choses insupportables, pour faire honte et susciter envie à l'encontre de Cæsar : car il faisoit distribuer à ses gens de guerre le plus mauvais et le plus vieil blé qu'il pouvoit trouver : et si les soudards s'en plaignoient, il leur respondoit, qu'il falloit qu'ilz eussent patience, et qu'ilz s'en contentassent, puis qu'ilz mangeoient aux despens d'autruy : et à la table il ne faisoit servir qu'en

vaisselle de bois et de terre, disant que Cæsar avoit eu toute
celle d'or et d'argent pour quelque debte, à cause que le pere
du roy, qui regnoit alors en Ægypte, devoit à Cæsar
un million et sept cents cinquante mille escus, dont Cæsar
auparavant en avoit remis les sept cents cinquante mille à ses
enfans : mais lors il demanda le million qui restoit pour en
payer ses gens, à quoy Pothinus luy respondit, « que pour
« lors il feroit mieulx de s'en aller à la poursuitte de ses autres
« affaires, qui luy estoient de plus grande consequence, et
« que puis après il recouvreroit tout à loisir une autre fois sa
« debte avec la bonne grace du roy ». Cæsar luy repliqua
« qu'il n'avoit que faire du conseil des Ægyptiens pour ses
« affaires, mais qu'il vouloit estre payé » : et secrettement
manda à Cleopatra, qui estoit aux champs, qu'elle revinst :
et elle prenant en sa compaignie Apollodorus Sicilien seul
de tous ses amis, se meit dedans un petit bateau, sur lequel
elle vint aborder au pied du chasteau d'Alexandrie, qu'il
estoit jà nuict toute noire : et n'ayant moyen d'y entrer autrement sans estre cogneue, elle s'estendit tout de son long
dessus un faisceau de hardes, que Apollodorus plia et lia par
dessus avec une grosse courroye, puis le chargea sur son col,
et le porta ainsi dedans à Cæsar par la porte du chasteau.

LXIV. Ce fut la premiere emorche, à ce que lon dit, qui
attira Cæsar à l'aimer, pource que ceste ruse luy feit appercevoir qu'elle estoit femme de gentil esprit : mais depuis
quand il eut cogneu sa doulceur et bonne grace, il en fut
encore bien plus espris, et la remeit en bonne amitié avec le
roy son frere, soubz condition qu'il regneroit aussi quant et
luy. Si fut pour ceste reconciliation preparé un grand festin,
auquel le barbier de Cæsar, qui estoit l'un de ses esclaves, la
plus craintifve personne du monde, ne laissant rien à fureter,
rechercher et oreiller, pour ceste deffiance naturelle qu'il
avoit, descouvrit que Pothinus et Achillas dressoient une
embusche à son maistre pour le tuer. Ce que Cæsar ayant
averé, meit bonnes et seures gardes à l'entour de la salle où
se faisoit le festin, si bien qu'il occit Pothinus luy mesme :
mais Achillas se sauva de vistesse, et s'en fouit au camp du
roy, là où il suscita une dangereuse et malaisée guerre à
Cæsar, pource qu'avec bien peu de gens qu'il se trouvoit
lors à l'entour de luy, il avoit à combattre une grosse et

puissante ville. Mais le premier danger auquel il se trouva, fut la faulte d'eau, pource que ses ennemis feirent boucher et fermer les canaux, par lesquelz l'eau venoit de la riviere au chasteau. Le second fut, que voyant comme les ennemis venoient pour luy oster ses vaisseaux, il fut contraint de repoulser ce peril avec le feu, lequel brusla quant et l'arcenal où estoient les vaisseaux, celle grande et tant renommée librairie d'Alexandrie. Le troisieme fut en la bataille navale qui se donna près la tour du Phar, là où voulant aller secourir ses gens qui combattoient en la mer, il saulta de dessus le mole ou la levée dedans un bateau : ce que voyans les Ægyptiens voguerent de tous costez celle part, et luy se jettant dedans la mer, se sauva à la nage en grande peine et avec grande difficulté. Et dit on que ce fut là, que tenant plusieurs papiers en l'une de ses mains, il ne les lascha jamais, ains les teint toujours hors de l'eau en nageant de l'autre main, combien qu'on luy tirast ce pendant infinis coups de traicts, et qu'il fust contraint de se plonger souvent en l'eau : mais le bateau fut incontinent mis à fond. Et finablement le roy s'estant retiré devers ses gens, qui faisoient la guerre à Cæsar, il luy alla à l'encontre, et luy donna la bataille qu'il gaigna, avec grande effusion de sang : mais quant au roy il ne comparut ny ne fut veu onques puis : à raison dequoy il establit royne d'Ægypte sa sœur Cleopatra, laquelle estant grosse de luy, peu de temps après accoucha d'un filz, que ceux d'Alexandrie appelerent Cæsarion.

LXV. Et luy s'en alla en la Syrie, et de là se promenant par l'Asie, il eut nouvelles comme Domitius ayant esté desfait en bataille par Pharnaces filz de Mithridates, s'en estoit fouy du royaume de Pont, avec bien peu de gens, et que ce roy Pharnaces, poursuivant sa victoire, avec une convoitise insatiable, ne se contentoit pas d'avoir jà occupé la Bythinie et la Cappadocie, ains tentoit encore l'Armenie, que lon appelle la Mineur, suscitant tous les roys, princes et potentats de ceste marche là, à l'encontre des Romains. Si dressa incontinent Cæsar son chemin droit celle part avec trois legions, et luy donna une grosse bataille près la ville de Zela, en laquelle il luy meit en pieces toute son armée, et le deschassa de tout le royaume de Pont : et pour donner à entendre la soudaineté de ceste victoire, l'escrivant à Rome à l'un de ses amis Anitius, il luy manda ces trois paroles seulement, *veni, vidi, vici,* c'est à dire, Je veins, Je vei, Je vainqui. Mais ces paroles pour avoir presque une semblable cadence en langage Romain, ont une grace de briefveté plus plaisante à l'ouye, qu'elle ne se peult rencontrer en autre langue.

LXVI. Cela fait il repassa en Italie, et s'en retourna à Rome finissant l'année pour laquelle il avoit esté esleu dictateur la seconde fois, là où cest office paravant luy n'avoit jamais esté annuel : si fut esleu consul pour l'année ensuivant, mais on le blasma fort de ce, que ses gens de guerre en une mutination ayans tué deux personnages de dignité prætoriale, Cosconius et Galba, il n'en feit jamais autre punition ny autre demonstration, qu'en lieu de les appeller soudards, il les appella *citoyens,* et leur donna à chascun pour teste la valeur de cent escus, et de grandes terres dedans l'Italie. Aussi luy donna lon grand blasme pour les insolences furieuses et forcenées que faisoit Dolabella, pour l'avarice d'Anitius, et les yvrongneries d'Antonius et de Cornificius, qui faisoit demolir et rebastir la maison de Pompeius, comme n'estant pas suffisante pour luy, dont les Romains estoient fort malcontents. Cæsar n'ignoroit point tout cela, et eust bien voulu que les choses n'eussent point esté telles : mais pour parvenir aux fins où il pretendoit, il estoit contraint se servir de telz ministres qui le secondoient en ses desseings.

LXVII. Or depuis la bataille de Pharsale Caton et Scipion s'en estant fouis en Afrique, et s'y estant le roy Juba joint avec eulx, ilz avoient assemblé une grosse et puissante armée : parquoy Cæsar se resolut de leur aller faire la guerre. Si passa environ le cueur d'hyver en la Sicile, là où à la fin de retrencher à ses soudards et capitaines toute esperance d'y faire long sejour, il s'alla loger sur la greve mesme de la marine, et au premier vent propice s'embarqua avec trois mille hommes de pied, et quelque petit nombre de gens de cheval : puis les ayant mis en terre, avant qu'ilz s'en apperceussent, il se rembarqua de rechef pour aller querir les autres, craignant qu'il ne leur advinst quelque malencontre au passage, et les ayant trouvez par le chemin, les conduisit tous en son camp : là où estant adverty que ses ennemis se confioient en un ancien oracle, qui portoit que c'estoit chose fatalement destinée à la famille des Scipions, que d'estre victorieux en Afrique, on ne sçait s'il le feit par moquerie en mespris du chef de ses ennemis Scipion, ou bien si ce fut à bon esciant pour s'attribuer le presage du nom : mais comment que ce fust, en toutes les rencontres, escarmouches et batailles de celle guerre, il donna tousjours la superintendence de son armée à un personnage de bien petite qualité, et dont on ne faisoit compte quelconque, pource qu'il estoit extrait de la race des Scipions Africains, et de faict s'appelloit Scipion, surnommé *Sallution*, auquel il donnoit la preeminence, comme s'il eust esté capitaine en chef, toutes les fois qu'il falloit combatre.

LXVIII. Et estoit contraint de souvent aller harceler ses ennemis, pource que ny les hommes en son camp n'avoient abondance de bledz, ny les bestes de fourrage, ains estoient les gens de guerre contraints de prendre de la mousse et de l'algue qui croist en la mer, après en avoir lavé la salure avec de l'eau doulce, pour la donner à manger à leurs chevaulx parmy quelque peu de celle herbe, que lon appelle *dent de chien*, pour luy donner goust, à cause que les Nomadiens, qui sont chevaux legers et hommes fort dispos, et en grand nombre, survenoient en un moment par tout, et tenoient toute la campagne à l'environ, de sorte que lon ne s'ozoit escarter du camp pour aller au fourrage. Et un jour comme les hommes d'armes s'amusassent à regarder un Africain lequel faisoit merveilles de baller et de jouer de la fluste, eulx estans assis en grand plaisir, et ayans ce pendant baillé leurs chevaulx à leurs valets, les ennemis par une soudaine surprise les envelopperent de toutes parts, et en tuerent sur le champ une partie, et chassans les autres à val de roupte, les poursuivirent jusques à entrer pesle mesme dedans leur camp parmy eulx : et si n'eust esté que Cæsar en personne, et avec luy Asinius Pollio, sortans du camp y allerent au secours, et arresterent les fuyans, la guerre ce jour là eust esté toute parachevée. Encore y eut il une autre rencontre, où les ennemis eurent le meilleur, en laquelle on dit, que Cæsar prenant au collet le portenseigne qui portoit l'aigle, l'arresta par force, et luy faisant tourner visage luy dit, « C'est là où sont les ennemis ».

LXIX. Ces avantages eleverent le cueur à Scipion, et luy

donnerent hardiesse de vouloir hazarder la bataille : et laissant
de costé Afranius, et de l'autre costé le roy Juba, campez
assez près l'un de l'autre, il se meit à fortifier un logis près
la ville de Thapsaque au dessus du lac, pour leur servir de
fort et de seure retraitte à tous en ceste bataille : mais ainsi
comme il travailloit après, Cæsar ayant traversé en extrème
et incroyable diligence, un grand païs de bois par des
advenues dont on ne doubtoit point, en surprit les uns par
derriere, et assaillit les autres au desprouveu, de maniere
qu'il les meit tous en roupte, et leur feit prendre la fuitte :
puis suivant ceste premiere poincte de l'occasion et le cours
de sa bonne fortune, il alla tout d'une tire assaillir le camp
d'Afranius, qu'il prit aussi de primsault, et celuy des Nomades
semblablement, s'en estant le roy Juba fouy, tellement qu'en
une petite partie d'un seul jour, il prit trois camps, et tua
sur le champ cinquante mille hommes de ses ennemis sans
perdre que cinquante soudards des siens. Ainsi racomptent
en somme le discours de ceste bataille aucuns des historiens :
mais il y en a d'autres, qui escrivent qu'il n'assista pas en
personne à l'execution, pource que comme il ordonnoit ses
gens en bataille, l'accès du mal caduque, auquel il estoit
subject, le surprit, et que sentant bien qu'il luy vouloit venir,
avant qu'il en eust le sens troublé, et qu'il en fust totalement
saisy, il se feit emporter en un chasteau, près du lieu auquel
se donna la bataille, là où il se teint en repos, jusques à ce
que l'accès de sa maladie fust entierement passé.

LXX. Quant à ceulx qui eschapperent de ceste bataille,
personnages de dignité prætoriale ou consulaire, plusieurs se
desfeirent eulx mesmes, quand ilz se veirent prisonniers, et
plusieurs aussi en feit mourir Cæsar : mais desirant pouvoir
tenir sur tous les autres Caton vif en sa puissance, il tira
incontinent à la plus grande haste qui luy fut possible, vers
la ville d'Utique, que Caton avoit prise à garder et defendre,
au moyen dequoy il ne s'estoit point trouvé en la bataille :
toutefois estant par le chemin certifié qu'il s'estoit luy mesme
desfait de sa propre main, il monstra bien evidemment qu'il
en fut fort mary : mais en quelle part, ne pour quelle occasion, on n'en sçait rien. Vray est, qu'il dit bien sur l'heure :
« O Caton, je te porte envie de ceste tiene mort, puis que tu
« m'as envié la gloire de te sauver la vie ». Ce neantmoins

le livre qu'il escrivit depuis à l'encontre de Caton mort, ne monstre point apparence de cueur amolly ny addoulcy envers luy. Et comment luy eust il pardonné, s'il l'eust tenu vivant en sa puissance, veu que contre luy mort il espandit une si violente cholere? Toutefois on conjecture qu'il luy eust pardonné, par l'humanité dont il usa envers Ciceron, envers Brutus, et infinis autres, qui avoient porté les armes contre luy : et dit on qu'il escrivit ce livre, non tant par rancune qu'il eust à l'encontre du mort, que par une ambition civile, pour une telle occasion : Ciceron avoit escrit un livre à la louange de Caton, et l'avoit intitulé *Caton*. Ce livre, ainsi que lon peult penser, fut fort bien recueilly, comme estant composé par un très eloquent orateur, et sur un fort bel argument. Cæsar en fut bien mal content, estimant que louer celuy, de la mort duquel il avoit esté cause, n'estoit autre chose que l'accuser luy mesme, et pour ceste cause escrivit un livre à l'encontre, dedans lequel il ramasse plusieurs charges et imputations qu'il met sus à Caton : le livre est intitulé *Anticaton*. L'un et l'autre livre jusques aujourd'huy a encore beaucoup de partisans qui les defendent, les uns pour l'affection qu'ilz portent à la memoire de Cæsar, et les autres à celle de Caton.

LXXI. Mais retourné qu'il fut de l'Afrique à Rome, tout premierement il feit une harengue devant le peuple, en laquelle il magnifia et loua fort haultement ceste siene victoire derniere, disant qu'il avoit acquis à l'empire Romain tant de païs, qu'il pourroit fournir à la chose publique deux cents mille minots de bled de rente par chascun an, et deux millions de livres d'huile : puis feit trois entrées triumphales, l'une de l'Ægypte, l'autre du royaume de Pont, et la troisieme de l'Afrique, non pour y avoir desfait Scipion, mais le roy Juba : le filz duquel, qui avoit aussi nom Juba, estant lors un jeune enfant, fut mené captif en la monstre de ce triumphe. Ceste captivité luy a esté très heureuse, ayant fait qu'au lieu qu'il fut demouré un Barbare Nomadien, il a depuis par le moyen de l'estude qu'il feit en sa prison, esté nombré entre les plus sçavans historiographes des Grecs. Après ces trois triumphes il feit de grands dons à ses gens de guerre, et pour gaigner la grace du commun populaire, feit de grands festins publiques et des jeux aussi : car il festoya tout le peuple Romain à un

coup, en vingt et deux mille tables, et lui donna le passetemps
de veoir combattre plusieurs couples d'escrimeurs à oultrance,
et des batailles navales en memoire de sa fille Julia, qui
estoit decedée longtemps au paravant : puis après tous ces
esbatemens fut faitte la reveuë et le denombrement accoustumé du peuple, auquel furent trouvé au lieu de trois
cents vingt mille chefz de citoyens, qui y estoient au paravant,
cent cinquante mille seulement, tant ceste guerre civile avoit
apporté de calamité et de perte à la chose publique, et tant
elle avoit consumé grand nombre de peuple Romain, sans
encore parler des maulx et miseres qu'elle avoit causées au
reste de l'Italie, et aux autres provinces de l'empire Romain.

LXXII. Ces choses toutes achevées, il fut esleu consul pour
la quatrieme fois, et s'en alla en Hespagne pour y faire la
guerre aux enfans de Pompeius, lesquelz estoient encore
jeunes : mais neantmoins avoient assemblé une merveilleusement grosse et puissante armée, et si montroient avoir le
courage et la hardiesse digne de commander à une telle
puissance, de sorte qu'ilz meirent Cæsar en extrême danger
de sa propre vie. La plus grande bataille qui fust donnée
entre eulx en toute ceste guerre, fut près la ville de Munda,
en laquelle Cæsar voyant ses gens fort pressez, et ayans
beaucoup d'affaires à soustenir les ennemis, se jetta à travers
la meslée des combattans, criant aux siens, s'ilz n'avoient
autrement point de honte de se laisser batre, qu'ilz le prissent
au corps et le livrassent eulx mesmes de leurs propres mains
à ces jeunes enfans, et ainsi avec extreme effort qu'il peut
faire, ayant à toute peine fait reculer et fouir les ennemis,
il en tua sur le champ plus de trente mille, et en perdit
des siens mille les meilleurs qu'il eust. Après ceste bataille,
se retirant en son logis, il dit à ses familiers, que plusieurs
fois au paravant il avoit combatu pour la victoire, mais qu'à
ceste derniere seule il avoit combatu pour sauver sa propre
vie. Il gaigna ceste bataille le jour propre de la feste des
Bacchanales, auquel on dit que Pompeius, le pere, estoit
sorty de Rome, pour aller commencer ceste guere civile, et
y eut entre deux quatre ans entiers de distance. Quant à ses
enfans, le plus jeune se sauva de la bataille : mais peu de
jours après Didius apporta la teste de l'aisné.

LXXIII. Ceste guerre fut la derniere de celles de Cæsar,

mais l'entrée triumphale qu'il en feit à Rome, despleut
autant et plus aux Romains, que chose qu'il eust point encore
faitte, pource qu'il n'avoit point desfait des capitaines estrangers, ny des roys Barbares, ains avoit ruiné les enfans du
plus grand personnage qui fust en Rome, à qui la fortune
avoit esté contraire, et en ayant esteinct la race, on n'estimoit
point qu'il luy fust bien seant de triumpher ainsi des calamitez de son païs, en s'esjouissant d'une chose, pour laquelle
defendre il n'avoit qu'une seule excuse envers les dieux et
envers les hommes, c'est, que ce qu'il en faisoit, il le faisoit
par contrainte, de tant plus mesmement que jamais au
paravant il n'avoit envoyé ny lettres ny message au public,
pour victoire quelconque, qu'il eust obtenue ny gaignée en
toutes ces guerres civiles, ains en avoit tousjours de honte
rejetté la gloire. Ce nonobstant les Romains fleschissans à sa
fortune, et recevans le mors en la bouche, à cause qu'ilz
estimoient que la principaulté d'un seul leur donneroit moyen
de respirer un petit de tant de maulx et de miseres, qu'ilz
avoient endurées en ces guerres civiles, ilz l'eleurent dictateur
perpetuel pour toute sa vie. Cela estoit manifestement une
tyrannie certaine, pource que lon adjouxtoit à la souveraine
puissance et plein pouvoir de la dictature, le non craindre
d'en estre jamais deposé. Et lors Ciceron commencea à mettre
en avant au senat, qu'on luy decernast des honneurs, dont
la grandeur estoit encore aucunement humaine, mais il y en
eut d'autres depuis, qui luy en adjouxterent d'excesssifs : et
faisans à l'envy les uns des autres, à qui plus luy donneroit,
le rendirent odieux et fascheux à ceulx mesmes qui luy
estoient les plus equitables, pour la haultesse desmesurée, et
l'importunité des honneurs, preeminences et prerogatives,
qu'ilz luy decernerent : aussi dit on que ceulx qui le haïssoient,
n'y favoriserent pas et n'y teindrent pas moins la main, que
ceulx qui le flattoient, à fin qu'ilz eussent plus grandes
occasions de conspirer contre luy, et qu'il semblast qu'avec
plus justes querelles, ilz eussent attenté contre sa personne.

LXXIV. Car au demourant, quant à luy, depuis qu'il eut
achevé ses guerres civiles, il se porta de sorte, que lon n'eust
sceu que reprendre en luy, et me semble que meritoirement
et à bon droit fut decerné lors entre autres honneurs, que
lon feroit bastir un temple de Clemence, pour luy rendre

graces de l'humanité dont il avoit usé en sa victoire :
car il pardonna à plusieurs de ceulx qui avoient porté les
armes et fait la guerre contre luy, et, qui plus est, donna des
honneurs et offices de la chose publique à quelques uns
d'eulx, comme à Cassius et à Brutus, entre autres, qui tous
deux estoient præteurs. Et ayans esté les images de Pompeius
abbatues, il les feit redresser : à raison de quoy Ciceron dit
lors, « que Cæsar en relevant les images de Pompeius, avoit
« asseuré les sienes ». Et comme ses amis luy conseillassent
qu'il prist des gardes pour la seureté de sa personne, et
aucuns d'eulx se presentassent à l'en servir, il ne voulut
onques le faire, disant, « qu'il valoit mieulx mourir une fois,
« que toujours attendre la mort en crainte » : mais pour
acquerir l'amour et la bienvueillance du peuple, comme la
plus honorable, et la plus seure garde qu'il eust sceu
avoir, il feit de rechef des festins publiques, et des données
et distributions generales de bled : et pour aussi gratifier aux
gens de guerre, il repeupla plusieurs villes, qui par le passé
avoient esté destruittes, où il logea ceulx qui n'avoient point
de retraitte, dont les plus nobles et principales furent celles
de Carthage et de Corinthe, et advint que tout ainsi comme
elles avoient toutes deux esté par avant prises et destruittes
ensemble, aussi furent elles alors repeuplées en un mesme
temps. Et quant aux hommes de qualitez, il les gaigna aussi,
promettant aux uns des prætures et des consulats à l'advenir,
et aux autres d'autres honneurs et preeminences, et à tous en
general bonne esperance, taschant à faire par tous moyens
que chascun fust content de sa domination : tellement
qu'estant l'un des consulz, nommé Maximus, par cas fortuit
decedé un jour avant la fin de son consulat, il declara consul,
pour ce jour qui restoit seulement, en son lieu Caninius
Rebilius, en la maison duquel comme tout le monde allast
pour le saluer, et s'esjouir avec lui de la promotion, comme
est la coustume de faire aux magistrats nouvellement esleuz,
Ciceron en se jouant dist, « Hastons nous d'y aller, devant
« que son consulat expire ».

LXXV. Au reste, Cæsar estant né pour faire toutes grandes
choses, et ayant de sa nature le cueur convoiteux de grand
honneur, les prosperitez de ses conquestes et prouesses passées
ne le convierent point à vouloir jouir en paix et en repos

du fruict de ses labeurs, ains plus tost l'eschaufferent et l'encouragerent à en vouloir entreprendre encore d'autres pour l'advenir, luy engendrans tousjours de plus en plus imaginations de plus haultes entreprises et desir de gloire nouvelle, comme si la presente fust desja toute usée. Laquelle passion n'estoit autre chose qu'une jalousie et emulation de soy mesmes, ne plus ne moins que d'une autre personne, et une obstination de se vouloir tousjours vaincre soy mesme, combatant tousjours en luy l'esperance de l'advenir avec la gloire du passé, et l'ambition de ce qu'il desiroit faire, avec ce qu'il avoit desjà fait. Car il avoit proposé et faisoit desja ses preparatifs pour aller guerroyer les Parthes, et après les avoir subjuguez passer par l'Hyrcanie, et en environnant la mer Caspienne et le mont de Caucase, revenir gaigner le royaume de Pont, pour puis après entrer en la Scythie : et ayant couru tout le païs et toutes les nations et provinces voisines de la grande Germanie, et la Germanie mesme, s'en retourner à la fin par la Gaule en Italie, et estendre ainsi l'empire Romain à la ronde, de sorte qu'il fust de toutes parts borné de la grande mer Oceane.

LXXVI. Mais ce pendant que ce voyage s'apprestoit, il essaya de coupper l'encouleure du destroit du Peloponese à l'endroit où est assise la ville de Corinthe, et feit tirer un canal des rivieres de Teveron et du Tybre, commenceant à la ville mesme de Rome, et le feit aller droit à la ville de Circées, par une large et profonde fosse, qu'il feit caver, laquelle s'alloit desgorger en la coste de Terracine, pour donner seureté et commodité plus grande aux marchands qui venoient à Rome pour y traffiquer. D'avantage il delibera aussi de destourner l'eau, qui cause les marests qui sont entre les villes de Nomentum et de Setium, pour y assecher la terre, et la rendre labourable à plusieurs milliers d'hommes, et en la coste de la mer plus prochaine de Rome faire jetter bien avant des grosses et fortes levées, et faire nettoyer toute la radé d'alentour d'Ostie des rochers et pierres cachées soubs l'eau au long de la coste, et oster tous autres empeschemens, qui en rendoient l'abbord mal seur aux vaisseaux, et y bastir des ports, des arceneaux et abris dignes de tant de navires qui y hantoient et arrivoient ordinairement.

LXXVII. Toutes ces choses se preparoient encore, et ne

vindrent point à effect. Mais la composition du calendrier, et reformation de l'année, pour oster toute confusion des temps, fut sagement inventée et conduitte à fin par luy, laquelle s'est trouvée à l'user fort commode et plaisante : car non seulement ès plus anciens temps, les Romains n'avoient point de certain formulaire, ny de regle arrestée pour accorder les revolutions des mois avec le cours de l'année, dont il advenoit une telle confusion des temps, que les sacrifices et les festes annuelles venoient à tumber petit à petit en saisons totalement contraires à ce, pourquoy elles estoient instituées : mais encore lors le peuple ne sçavoit en façon quelconque, combien montoit le cours de la revolution du soleil, et n'y avoit que les presbtres seuls qui l'entendissent, et qui en eussent cognoissance : au moyen dequoy ilz adjouxtoient soudainement, quand bon leur sembloit, sans que personne qu'eulx en preveist rien, le mois supernumeraire et interca-laire, qui anciennement se nommoit *Mercedonius.* L'on dit que le roy Numa Pompilius fut le premier qui inventa ceste façon d'interposer un mois : toutefois ce fut un foible remede, et qui ne s'estendit pas gueres loing pour corriger les erreurs qui se faisoient au compte de l'année, et les remettre à leur poinct. Mais Cæsar proposant la matiere aux plus sçavants philosophes, et aux plus experts mathematiciens de son temps, inventa et publia par le moyen des sciences qui estoient desja en estre, une reformation singuliere, et plus exquisement calculée que nulle autre, de laquelle les Romains usans jusques icy, semblent moins errer que les autres nations, en la reduction de ceste inégalité des mois aux ans : toutefois encore ne peut il si bien faire, que ceulx qui por-toient envie à sa grandeur, et qui enduroient mal vouluntiers sa domination, ne luy en donnassent des atteintes. Car Ciceron l'orateur se trouvant en quelque compagnie où il y eut un qui dit, « Demain se levera l'estoile de la Lyre », il ne se peut tenir de dire, « Ouy par edict » : comme si les hommes recevoient encore cela par contrainte de comman-dement.

LXXVIII. Mais ce qui luy engendra une plus manifeste haine et plus mortelle, fut la convoitise de se faire nommer et declarer roy, laquelle donna au commun populaire la cause première de luy vouloir mal, et à ceulx qui de longue main luy gardoient une mauvaise voulunté couverte, en donna la plus honeste occasion qu'ilz eussent peu desirer. Toutefois ceulx qui lui procuroient cest honneur, semerent un bruit parmy le peuple, qu'il estoit porté par les livres prophetiques de la Sibylle, que les Romains desferoient alors la puissance des Parthes, quand ilz leur feroient la guerre soubs la conduite d'un roy, mais autrement qu'ilz n'y adviendroient jamais, et eurent bien la hardiesse un jour qu'il retournoit de la ville d'Alba à Rome, de l'appeller et saluer roy, dont le peuple se courroucea, et luy en estant marry, respondit « qu'il ne s'appelloit point roy, ains se nommoit Cæsar », à quoy n'y eut personne qui luy repliquast rien, ains se feit un silence grand de toute l'assistence : et adonc luy tout fasché, marry et ennuyé, tira oultre son chemin. Et comme on luy eust decerné au senat des honneurs transcendents toute haultesse humaine, les consulz et les præteurs suivis de toute l'assemblée des senateurs l'allerent trouver en la place, où il estoit assis sur la tribune aux harengues, pour luy notifier et declarer ce qui avoit esté en son absence decerné à sa gloire : mais luy ne se daigna onques lever au devant d'eulx à leur arrivée, ains parlant à eulx, comme si c'eussent esté personnes privées, leur respondit que ses honneurs avoient plus tost besoing d'estre retrenchez qu'augmentez. Cela ne fascha pas seulement le senat, ains fut aussi trouvé fort mauvais du peuple, qui estima la dignité de la chose publique estre par luy mesprisée et contemnée, à veoir le peu de compte qu'il faisoit des principaux magistrats d'icelle, et du senat, et n'y eut homme de ceulx à qui il fust loisible de s'oster de là, qui ne s'en allast la teste baissée, avec une morne et triste taciturnité : tellement que luy mesme s'en appercevant, se retira sur l'heure en sa maison, là où retirant sa robbe d'alentour de son col, il cria tout hault à ses amis, « qu'il « estoit tout prest de tendre la gorge à qui la luy voudroit « coupper ». Toutefois on dit que depuis pour s'excuser de ceste faulte, il allegua sa maladie, à cause que le sens ne demeure pas en son entier à ceulx qui sont subjects au mal caducque, quand ilz parlent debout sur leurs piedz devant une commune, ains se trouble aiseement, et leur prend soudain un esblouissement : mais cela estoit faulx. Car il avoit bien voulu se lever lors au devant du senat, mais Cornelius

Balbus l'un de ses amis, ou pour mieux dire, de ses flatteurs, qui se trouva lors auprès de luy, l'en engarda, en luy disant, « Ne te veux tu pas souvenir que tu es Cæsar, et souffrir « que lon te face l'honneur et la reverence qui t'est duë » ?

LXXIX. Oultre ces occasions de malvueillance et de mescontentement du peuple, survint encore de surcharge, la honte qu'il feit aux tribuns du peuple, en telle maniere : Il estoit d'adventure lors la feste des Lupercales, laquelle plusieurs escrivent avoir anciennement esté propre et peculiere aux pasteurs, et qu'elle ressemble en quelque chose à celle que l'on appelle la feste des Lyceiens en Arcadie. Comment que ce soit, à ce jour là y a plusieurs jeunes hommes et aucuns de ceulx mesmes qui lors sont en magistrat, qui courent tous nuds parmy la ville, frappans par jeu et en riant avec des courroyes de cuyr à tout le poil, ceulx qu'ilz rencontrent en leur chemin, et y a plusieurs dames de bien et d'honneur qui leur vont expressement au devant, et leur presentent leurs mains à frapper, comme font les enfants de l'eschole à leur maistre, ayant opinion que cela sert à celles qui sont grosses, pour plus aiseement enfanter, et à celles qui sont stériles, pour devenir grosses. Cæsar regardoit ce passetemps, estant assis sur la tribune aux harengues dedans une chaire d'or, en habit triumphal : et estoit Antonius l'un de ceulx qui couroient ceste course sacrée, pource qu'il estoit lors consul. Quand donc il vint à entrer sur la place, le monde qui y estoit se fendit pour luy faire voye à courir, et luy s'en alla presenter à Cæsar un bandeau royal, que l'on appelle *diademe*, entortillé d'un delié rameau de laurier, à laquelle presentation il se feit un batement de mains non gueres grand, de quelques gens que l'on avoit expressement appostez pour ce faire : mais au contraire quand Cæsar le refusa, tout le peuple unanimement frappa des mains : et comme de rechef Antonius le luy representast, il y eut de rechef peu de gens qui déclarassent en estre contents par leurs batements de mains : mais quand il le rebouta pour la seconde fois, tout le peuple universel feit encore de rechef un grand bruit à force de batre des mains. Ainsi Cæsar ayant cogneu à ceste espreuve, que la chose ne plaisoit point à la commune, il se leva de sa chaire, commandant que l'on portast ce diademe à Jupiter au Capitole : mais depuis on

trouva quelques unes de ses images par la ville, qui avoient
les testes bandées de diademes à la guise des roys : et y eut
deux des tribuns du peuple, Flavius et Marullus, qui les allerent
arracher, et qui plus est, trouvans ceulx qui avoient les
premiers salué Cæsar, *roy*, les feirent mener en prison, et
le peuple à grosse foule alloit après batant des mains en
signe de liesse, en les appellant *Brutes*, à cause que Brutus
fut anciennement celuy qui déchassa les roys de Rome, et
qui transfera la souveraine authorité et puissance, qui souloit
estre en la main d'un seul prince, au peuple et au senat.
Cæsar fut si fort irrité et courroucé de cela, qu'il deposa
Marullus et son compagnon de leurs offices, et en les accu-
sant injurioit quant et quant aussi le peuple, disant « qu'ilz
« estoient veritablement Brutaux et Cumains, c'est à dire,
« bestes et lourdaux ».

LXXX. A l'occasion dequoy le peuple adonc se tourna
devers Marcus Brutus, lequel du costé de son pere estoit
extrait et descendu de la race de ce premier Brutus, et du
costé de sa mere, estoit de la maison des Serviliens, l'une des
plus nobles et des plus ancienes de toute Rome, et si estoit
nepveu et gendre de Marcus Cato. Mais les grands honneurs,
grandes graces et faveurs que luy faisoit Cæsar, le retenoient
et refroidissoient, que de luy mesme il ne conspirast la des-
truction et extermination de la monarchie, pource que non
seulement il luy sauva la vie après la journée de Pharsale et
la desfaitte et fuitte de Pompeius, et la donna aussi à sa
requeste à plusieurs autres de ses familiers et amis : mais
encore monstra il, qu'il se fioit beaucoup en luy : car il luy
avoit desja fait avoir la plus honorable præture ceste année
là, et si estoit designé pour estre consul de là à quatre ans,
l'ayant emporté devant Cassius, qui le briguoit à l'encontre
de luy, par la faveur de Cæsar, qui dit en ceste brigue, ainsi
que l'on a laissé par escrit : « Il est vray que Cassius allegue
« de plus justes remonstrances et raisons, mais pourtant si ne
« passera il point devant Brutus ». Et un jour comme quelques uns le luy accusassent, ainsi que la conjuration se
menoit et ourdissoit desja, il ne leur voulut point adjouxter
de foy, ains touchant son corps avec la main leur respondit,
« Brutus attendra ceste peau ». Comme voulans dire, que
Brutus pour sa vertu estoit bien digne de dominer, mais

neantmoins que pour ambition de dominer il ne se monstre-
roit jamais ingrat, ny ne commettroit jamais une meschanceté. Toutefois ceulx qui demandoient la mutation, et qui ne
regardoient que celuy la seul, ou à tout le moins qui le
regardoient plus que nul autre, ne s'ozoient addresser à luy
pour luy dire de bouche ce qu'ilz desiroient, mais la nuict
ilz emplissoient son tribunal et siege prætorial, là où il tenoit
son audience, de petits billets et escritteaux, dont la pluspart
estoit de telle substance, « Tu dors, Brutus, et n'es pas vray
« Brutus ». Pour lesquelz escritteaux Cassius sentant que le
desir d'honneur s'eschauffoit de plus en plus en long,
sollicita plus instamment que jamais ceulx qui escri-
voient ces petits billets, ayant luy mesme quelques causes
particulieres de haine à l'encontre de Cæsar, lesquelles nous
avons declarées en la vie de Brutus. Aussi l'avoit Cæsar pour
suspect : tellement qu'un jour parlant à ses plus feaux, il leur
demanda, « Que vous semble il que Cassius vueille faire ?
« Car quant à moy, il ne me plaist point de le veoir ainsi
« pasle ». Une autre fois on calumnia envers luy Antonius et
Dolabella, qu'ilz machinoient quelque nouvelleté à l'encontre
de luy, à quoy il respondit. « Je ne me deffie pas trop de ces
« gras icy, si bien peignez et en si bon poinct, ains bien plus
« tost de ces maigres et pasles là, entendant de Brutus et de
« Cassius ».

LXXXI. Mais certainement la destinée se peult bien plus
facilement preveoir, que non pas eviter, attendu mesmement
qu'il en apparut des signes et presages merveilleux : car quant
à des feux celestes et des figures et fantasmes que lon veid
courir çà et là parmy l'air : et aussi quant à des oyseaux
solitaires, qui en plein jour se vindrent poser sur la grande
place, à l'adventure ne meritent pas telz pronostiques d'estre
remarquez ny declarez en un si grand accident. Mais Strabon
le philosophe escrit, que lon veid marcher des hommes tous
en feu, et qu'il y eut un valet de soudard qui jetta de sa main
force flamme, de maniere que ceulx qui le veirent penserent
qu'il fust bruslé, et quand le feu fut cessé, il se trouva qu'il
n'avoit eu nul mal. Cæsar mesme sacrifiant aux dieux, il se
trouva une hostie immolée qui n'avoit point de cueur, qui estoit
chose estrange et monstrueuse en nature, pource que naturellement une beste ne peult vivre sans cueur : et y en a

beaucoup qui comptent, qu'il y eut un devin qui luy predit
et l'advertit long temps devant, qu'il se donnast bien de
garde du jour des Ides de Mars, qui est le quinzieme, pource
qu'il seroit en grand danger de sa personne. Ce jour estant
venu, il sortit de sa maison pour s'en aller au senat, et
saluant le devin luy dit en riant, « Les Ides de Mars sont
« venues » : Et que le devin luy respondit tout bas, « Elles
« sont venues voirement, Cæsar, mais elles ne sont pas passées ».
Et le jour de devant chez Marcus Lepidus, qui luy donnoit à
soupper, il signoit d'adventure des lettres missives, comme il
faisoit souvent, et oyant un propos que les autres meirent
en avant, « quelle sorte de mort estoit la meilleure et la plus
« desirable » : il cria tout hault, en prevenant les autres,
« Celle que moins on attend ». Après le soupper estant couché
auprès de sa femme, comme il avoit accoustumé, tous les
huys et fenestres de sa chambre s'ouvrirent d'elles mesmes,
et s'estant esveillé en sursault tout emeu du bruit et de la
clarté de la lune, qui rayoit dedans la chambre, il ouyt sa
femme Calpurnia dormant d'un profond sommeil, qui jettoit
quelques voix confuses, et quelques gemissemens non arti-
culez, et que l'on ne pouvoit entendre : car elle songeoit, que
l'on l'avoit tué, et qu'elle le lamentoit, le tenant mort entre
ses bras : toutefois il y en a qui disent que ce ne fut point
ceste vision qu'elle eut, mais que par ordonnance du senat il
avoit esté apposé au comble de sa maison, pour un ornement
et une majesté, comme quelque pinnacle, ainsi que Livius
mesme le recite : Calpurnia en dormant songeoit qu'elle le
voyoit rompre et casser, et luy sembloit qu'elle le regrettoit
et en ploroit, à l'occasion de quoy, le matin quand il fut jour
elle pria Cæsar, qu'il ne sortist point pour ce jour là dehors,
s'il estoit possible, et qu'il remeist l'assemblée du senat à un
autre jour, ou bien s'il ne se vouloit mouvoir pour ses songes,
à tout le moins qu'il enquist par quelque autre maniere de
divination, ce qui luy devoit ce jour là advenir, mesmement
par les signes des sacrifices. Cela le meit en quelque souspeçon et quelque deffiance, pource que jamais au paravant
il n'avoit apperceu en Calpurnia aucune superstition de
femme, et lors il voyoit qu'elle se tourmentoit ainsi fort de
son songe : mais encore quand il veit qu'après avoir fait
immoler plusieurs hosties les unes après les autres, les devins

luy respondoient tousjours que les signes et presages ne luy
en promettoient rien de bon, il résolut d'envoyer Antonius
au senat pour rompre l'assemblée.

LXXXII. Mais sur ces entrefaittes arriva Decimus Brutus,
surnommé *Albinus,* auquel Cæsar se fioit tant, que par testament il l'avoit institué son second heritier, et neantmoins
estoit de la conjuration de Cassius et de Brutus, et craignant
que si Cæsar remettoit l'assemblée du senat à un autre jour,
leur conspiration ne fust esventée, se mocqua des devins, et
tensa Cæsar, en luy remonstrant qu'il donnoit occasion au
senat de soy mescontenter de luy et de le calumnier, par ce
qu'il prendroit ceste remise comme pour un mespris, à cause
que les senateurs s'estoient ce jour là assemblez à son man-
dement, et qu'ils estoient tous prests à le déclarer par leurs
voix, roy de toutes les provinces de l'empire Romain hors
l'Italie, en luy permettant de porter à l'entour de sa teste le
bandeau royal par tout ailleurs, tant sur la terre que sur la
mer, là où si maintenant quelqu'un leur alloit denoncer de
sa part, que pour ceste heure ilz se retirassent chascun chez
soy, et qu'ilz retournassent une autre fois quand Calpurnia
auroit songé de meilleurs songes, que diroient les malvueillans
et les envieux, et comment pourroient ilz recevoir et prendre
en payement les raisons de tes amis qui leur cuideroient
donner à entendre, que cela ne soit point servitude à eulx, et
à toy domination tyrannique? toutefois si tu as (dit il) du
tout resolu d'abominer et detester ce jourd'huy, encore seroit
il meilleur au moins, que sortant de ta maison, tu allasses
jusques là, pour les saluer, et leur faire entendre que tu
remets l'assemblée à un autre jour. En luy disant ces paroles
il le prit par la main, et le mena dehors. Il ne fut gueres
loing de son logis, qu'il vint un serf estranger, qui feit tout ce
qu'il peut pour parler à luy, et quand il veid qu'il n'y avoit
ordre d'en approcher pour la foule du peuple, et la grande
presse qu'il eut incontinent autour de luy, il s'alla jetter
dedans sa maison, et se meit entre les mains de Calpurnia,
luy disant qu'elle le gardast jusques à ce que Cæsar fust de
retour, pource qu'il avoit de grandes choses à luy dire : et un
Artemidorus natif de l'isle de Gnidos, maistre de rhetorique
en langue grecque, qui pour ceste siene profession avoit
quelque familiarité avec aucuns des adherens de Brutus, au

moyen dequoy il sçavoit la plus part de ce qui se machinoit
contre Cæsar, luy vint apporter en un petit memoire escript
de sa main, tout ce qu'il luy vouloit descouvrir : et voyant
qu'il recevoit bien toutes les requestes qu'on luy presentoit,
mais qu'il les bailloit incontinent à ses gens qu'il avoit autour
de luy, il s'en approcha le plus près qu'il peut, et luy dit :
« Cæsar, lis ce memoire cy que je te presente, seul et promp-
« tement, car tu trouveras de grandes choses dedans, et qui
« te touchent de bien près ». Cæsar le prit, mais il ne le peut
oncques lire pour la multitude grande des gens qui parloient
à luy, combien que par plusieurs fois il essayast de le faire :
toutefois tenant tousjours le memoire en sa main, et le gar-
dant seul, il entra dedans le senat. Les autres disent, que ce
fut un autre qui luy presenta ce memoire, et que Artemidorus,
quelque effort qu'il feist, ne peut onques approcher de luy,
ains fut tousjours repoulsé tout au long du chemin.

LXXXIII. Or peuvent bien toutes ces choses estre advenues
accidentellement, et par cas fortuit : mais le lieu auquel estoit
lors assemblé le senat ayant une image de Pompeius, et estant
l'un des edifices qu'il avoit donnez et dediez à la chose
publique avec son theatre, monstroit bien evidemment, que
c'estoit pour certain quelque divinité qui guidoit l'entreprise,
et qui en conduisoit l'execution notamment en ceste place là.
Auquel propos on racompte que Cassius, un peu devant qu'ilz
meissent la main à l'œuvre, jetta sa veuë dessus l'image de
Pompeius qui là estoit, et l'invoqua tout bas à son aide,
combien qu'autrement il adherast assez aux opinions d'Epi-
curus : mais le poinct du danger present le ravit et transporta
sur l'heure hors de soy, engendrant en luy une passion soudaine au lieu des discours qui le mouvoient, et ausquelz il
adheroit quand il estoit en sens rassis. Quant à Antonius,
pource qu'il estoit fidele à Cæsar, et fort et robuste de sa personne, Brutus Albinus l'entreteint au dehors du senat, luy
ayant commencé tout exprès un bien long propos. Ainsi
comme Cæsar entra, tout le senat se leva au devant de luy
par honneur : et adonc les uns des conjurez se meirent
derriere sa littiere, les autres luy allerent à l'encontre de
front, comme voulans interceder pour Metellus Cimber, qui
requeroit le rappel de son frere estant en exil, et le suivirent
ainsi en le priant tousjours, jusques à ce qu'il se fust assis en

son siege : et comme il rejettast leurs prieres, et se courrou-
ceast à eulx les uns après les autres, à cause que d'autant
plus qu'il les refusoit, d'autant plus ilz le pressoient et l'im-
portunoient plus violentement, à la fin Metellus luy prenant
sa robbe à deux mains la luy avalla d'alentour du col, qui
estoit le signe que les conjurez avoient pris entre eulx pour
mettre la main à l'execution : et adonc Cascas luy donna par
derriere un coup d'espée au long du col, mais le coup ne fut
pas grand ny mortel, pource que s'estant troublé, comme il
est vray-semblable, à l'entrée d'une si hardie et si perilleuse
entreprise, il n'eust pas la force ny l'asseurance de l'assener
au vif. Cæsar se retournant aussi tost vers luy, empoigna son
espée, qu'il teint bien ferme, et tous deux se prirent ensemble
à crier : le blecé, en Latin, « O traistre meschant Cascas, que
« fais-tu » ? Et celuy qui l'avoit frappé, en Grec, « Mon frere,
aide moy ».

LXXXIV. A ce commencement de l'émeute, les assistants
qui ne sçavoient rien de la conspiration, furent si estonnez
et si espris d'horreur de veoir ce qu'ilz voyoient, qu'ilz ne
sceurent onques prendre party ny de s'en fouir, ny de le
secourir, non pas seulement d'ouvrir la bouche pour crier :
mais ceulx qui avoient conjuré sa mort, l'environnerent de
tous costez les espées nues en leurs mains, de sorte que de
quelque part qu'il se tournast, il trouvoit tousjours quelques-
uns qui le frappoient, et qui luy presentoient les espées
luisantes aux yeux et au visage, et luy se demenoit entre
leurs mains ne plus ne moins que la beste sauvage acculée
entre les veneurs : car il estoit dit entre eulx, que chascun
luy donneroit un coup et participeroit au meurtre : à
l'occasion dequoy, Brutus mesme luy en donna un à l'endroit
des parties naturelles : et y en a qui disent qu'il se desfendit
tousjours et resista aux autres, en trainnant son corps çà et
là, et en criant à pleine voix, jusques à ce qu'il apperceut
Brutus l'espée traitte en la main : car alors il tira sa robbe à
l'entour de sa teste, sans plus faire de resistence, et fut
poulsé, ou par cas d'adventure, ou par exprès conseil des
coujurez, jusques contre la base, sur laquelle estoit posée
l'image de Pompeius, qui en fut toute ensanglantée : de
maniere qu'il sembloit proprement qu'elle presidast à la
vengeance et punition de l'ennemy de Pompeius, estant ren-

versé par terre à ses pieds, et tirant aux traicts de la mort pour le grand nombre de playes qu'il avoit : car on dit qu'il eut vingt et trois coups d'espées, et y eut plusieurs des conjurez, qui en tirant tant de coups sur un seul corps s'entreblecerent eulx mesmes.

LXXXV. Ayant donques esté Cæsar ainsi tué, le senat, quoy que Brutus se presentast pour vouloir rendre quelque raison de ce qu'ilz avoient fait, n'eut jamais le cueur de demourer, ains s'enfouit à travers les portes, et remplit toute la ville de tumulte et d'effroy, tellement que les uns fermoient leurs maisons, les autres abandonnoient leurs boutiques et leurs bancs, et s'en alloient courans sur le lieu pour veoir que c'estoit, les autres l'ayans veu s'en retournoient chez eulx. Mais Antonius et Lepidus, qui estoient les deux plus grands amis de Cæsar, se desrobbans secrettement, s'en fouirent en autres maisons que les leurs. Et Brutus et ses consors estans encore tous bouillans de l'execution de ce meurtre, et monstrans leurs espées toutes nues, sortirent tous ensemble en trouppe hors du senat, et s'en allerent sur la place, n'ayans point visages ny contenance d'hommes qui fouissent, ains au contraire, fort joyeux et asseurez, admonestans le peuple de vouloir maintenir et defendre sa liberté, et s'arrestans à parler aux gens de qualité qu'ilz rencontroient par le chemin, dont il y en eut aucuns qui les suivirent, et se meslerent parmy eulx, comme s'ilz eussent esté de la conjuration, pour en usurper à faulses enseignes partie de l'honneur : entre lesquelz furent Caius Octavius, et Lentulus Spinther, qui depuis furent tous deux puniz de leur vaine convoitise de gloire par Antonius et par le jeune Cæsar, qui pour ceste cause les feirent mourir, et si encores ne jouirent ilz onques de la gloire, pour l'ambition de laquelle ilz mouroient, par ce que lon ne creut jamais qu'ilz eussent esté du nombre des conjurez : car ceulx qui les en punissoient, vengeoient plus tost en eulx la voulunté que l'effect. Le lendemain Brutus avec ses consors descendit en la place pour parler au peuple, qui luy donna audience telle, qu'il apparoissoit qu'il ne reprouvoit ny n'approuvoit trop ce qui avoit esté fait : car il monstroit par un grand silence morne, que d'un costé il avoit pitié de Cæsar mort, et de l'autre costé il reveroit la vertu de Brutus. Mais le senat decerna une abolition generale de tout le passé : et pour contenter et accorder un chascun, ordonna aussi que la memoire de Cæsar seroit honorée comme d'un dieu, et qu'il ne seroit changé aucune chose de ce qu'en son vivant il auroit ordonné, et decerna aussi des provinces et des honneurs convenables à Brutus et à ses adherens, de maniere que chascun estimoit les choses estre fort bien composées et remises en très bon estat.

LXXXVI. Mais quand on vint à ouvrir le testament de Cæsar, auquel on trouva qu'il leguoit à chasque citoyen Romain un honeste present d'argent, et que le commun peuple veid son corps qui fut porté à travers la place, tout decouppé à coup d'espée, adonc n'y eut il plus d'ordre de contenir et arrester la commune, qu'ilz ne feissent un amas de bois autour de ce corps, des tables, bancs, establis et barrieres qu'ilz alloient arracher çà et là par la place : et mettans le feu dedans, le bruslerent : puis quand le feu fut bien allumé, ilz prirent des tisons ardens et s'en allerent ès maisons de ceulx qui l'avoient occis pour les brusler : les autres coururent par toute la ville cherchans s'ilz en pourroient trouver quelqu'un pour le deschirer en pieces : toutefois ilz n'en rencontrerent pas un, pource qu'ilz s'estoient très-bien renfermez, munis et fortifiez dedans leurs maisons. Mais il y eut un des familiers de Cæsar nommé Cinna, qui la nuict de devant avoit eu en dormant une vision estrange, pource qu'il luy fut advis que Cæsar le convioit à soupper, et que luy n'y vouloit point aller, toutefois que le prenant par la main il l'y avoit mené malgré luy : et lors ayant entendu comme le peuple brusloit son corps sur la place, il partit de son logis pour cuider aller faire honneur aux funerailles du defunct, encore que la vision qu'il avoit euë la nuict precedente le teinst en quelque doubte, de sorte qu'il en avoit la fiebvre. Estant arrivé sur la place, il y eut quelqu'un de la commune qui demanda qui il estoit : il fut nommé par son nom : ce premier le dit à un autre, et cest autre encore à un autre de main en main, de maniere que le bruit courut incontinent parmy le peuple, que c'estoit un de ceulx qui avoient occis Cæsar, à cause qu'il y en avoit un entre les conjurez qui s'appelloit aussi comme luy, Cinna, et pensans que ce fust il, ilz se ruerent incontinent sur luy par telle fureur, qu'ilz le desmembrerent en pieces sur la place mesme. Cela espouventa Brutus et Cassius plus que nulle autre chose, à l'occasiom dequoy peu de jours après ilz sortirent de la ville, et quant à ce qu'ilz feirent et qu'ilz souffrirent depuis jusques à leur mort, nous l'avons amplement escrit en la vie de Brutus.

LXXXVII. Au demourant Cæsar mourut en l'aage de cinquante et six ans, et ne survescut Pompeius gueres plus de quatre ans, n'ayant receu autre fruict de celle domination et principaulté qu'il avoit si ardemment prochassée toute sa vie, et à laquelle il estoit enfin parvenu avec tant de travaux et tant de dangers, qu'un nom vain seulement, et une gloire qui luy suscitoit l'envie et la haine de ses citoyens : toutefois celle grande fortune et faveur du ciel qui l'avoit accompagné tout le long du cours de sa vie, luy continua encore en la vengeance de sa mort, poursuivant et par mer et par terre tous ceulx qui avoient conspiré contre luy, tant qu'il n'en demoura pas un seul à punir de tous ceulx qui de faict ou de conseil avoient participé à la conspiration de sa mort. Mais de toutes les choses qui en advindrent aux hommes en la terre, la plus esmerveillable fut celle de Cassius, lequel après avoir esté desfait en bataille en la journée de Philippes, se tua luy mesme de la propre espée dont il avoit frappé Cæsar : et de celles qui advinrent au ciel, la grande comete qui apparut fort evidente sept nuicts continuelles après sa mort, et aussi l'offuscation de la lumière du soleil, lequel tout le long de ceste année là, se leva tousjours pasle et non jamais avec sa clarté estincellante, dont sa chaleur en fut aussi tousjours fort foible et debile, et l'air consequemment tout le long de l'année gros, tenebreux et espez, pour l'imbe-cillité de la chaleur qui ne le pouvoit résouldre ny subtiliser : ce qui fut cause que les fruicts de la terre en demourerent cruds et imparfaits, se fletrissans avant que pouvoir meurir pour la froideur de l'air.

LXXXVIII. Mais sur tout la vision qui s'apparut à Brutus, monstra evidemment que l'occision n'en avoit point esté aggreable aux dieux : et fut la vision telle : Brutus estant prest à passer son armée de la ville d'Abydos en la coste opposite qui est vis à vis, se reposoit comme de coustume la nuict dedans sa tente, ne dormant point encore, ains pensant à ses affaires, et à l'advenir : car on dit que ce a esté l'un des plus vigilans capitaines et moins subject à dormir qui fut onques, et qui de sa nature veilloit le plus : il luy fut advis qu'il entendit quelque bruit à la porte de sa tente, et regardant celle part à la lumiere d'une lampe qui se baissoit desja fort, il apperceut une vision horrible, comme d'un homme de grandeur extraordinaire et excessive, et hideux de visage, dequoy il s'effroya du commencement : mais quand il veid que ce fantasme ne luy faisoit ny ne luy disoit rien, ains se tenoit devant luy tout coy auprès de son lict, il luy demanda à la fin qui il estoit : le fantasme luy respondit, « Je suis ton mauvais ange et esprit, Brutus, et tu « me verras près la ville de Philippes ». Brutus luy repliqua, « Et bien je t'y verray donc » : et incontinent l'esprit disparut. Depuis se trouvant en bataille près ceste ville de Philippes à l'encontre d'Antonius et de Cæsar, à la premiere journée il gaigna la victoire, et rompant tout ce qu'il trouva de front au devant de luy, chassa jusques dedans le camp du jeune Cæsar, qu'il pilla : mais la nuict de devant le jour auquel il devoit donner la seconde bataille, ce mesme fantasme s'apparut une autre fois à luy sans luy mot dire : parquoy Brutus entendant bien que son heure estoit venue, se jetta la teste baissée à tous les perilz et dangers de la bataille, et neantmoins n'y peut encore mourir en combatant : ains voyant ses gens devant soy rompus et desfaits, il se retira à la course sur une crouppe de rocher couppé, là où se jettant de l'estomach sur la poincte de son espée nue, avec l'aide de l'un de ses amis qui aida le coup, à ce que lon dit, il se percea le corps d'oultre en oultre, et mourut sur le champ.

TABLE

CORBEIL. — IMRRIMERIE CRÉTÉ.

Printed in Great Britain by
Amazon.co.uk, Ltd.,
Marston Gate.